能知之力與究竟實相

尼薩迦達塔·馬哈拉吉的臨終教言

Consciousness and the Absolute

The final talks of Sri Nisargadatta Maharaj

簡·鄧恩 Jean Dunn 編
—鍾七條、智嚴、張玉 譯
—三不叟 審閱

紅桌文化
UnderTable Press

目次

譯序

中國禪宗自印度而來，達摩祖師的師父般若多羅尊者就曾預言，東土有大乘氣象，還預言傳承幾代之後，東土將「出一馬駒，踏殺天下人」。這匹馬駒就是提出了「即心即佛」、「平常心是道」的馬祖道一禪師。他說：「只如今行住坐臥，應機接物盡是道。道即是法界，乃至河沙妙用，不出法界，若不然者，云何言心地法門？」洪州禪由此聞名天下，法席鼎盛，他座下出了八十八位善知識，是中國禪宗最輝煌的時期。

此黃金時代距今已經一千餘年，這一「心地法門」如此直白、簡潔、有力，在漢土早已罕聞。漢土的禪門追隨者們或老實念佛，或苦苦參禪，或反覆嚼著祖師們留下的公案……「大唐國不道無禪，只是無師」，在這個意義上，禪宗斷代已經數百年，還沒有一個真正踏殺天下的導師出現。

當我們把目光投向禪宗的起源地印度，驀然發現，如此獅吼象行、獨步天下的禪師卻離我們並不遙遠，他們與中國古代的禪師們異口同聲，傳遞著同樣的「消息」。其中尤以室利．尼薩迦達塔．馬哈拉吉最為接近禪宗作略。

他大隱於孟買鬧市，身材短小精幹，菸癮重，說話語速極快，總是怒氣衝衝，不太像個正經的導師模樣。很多求道者也一直住在孟買，幾十年後才聽說有這麼一位雷霆手段的導師就在附近。他從五〇年代開始教授，一九七三年，他的談話錄集結出版，名為《我是那》。「那」（That）是什麼？那就是每個眾生「用即了了分明，應用便知一切」[1]的自性本心，就是能知之力，就是佛性，就是妙覺。你可以給「那」各式各樣的名字，在印度教，「那」是「梵」；在佛教，「那」是「佛」。它是一切的源頭，是源頭展現一切的力量，也是所有讚美的所歸之處。

但過了近十年後，在得了喉癌，臨終之時，他卻說，以前「那個時候，我的態度是『我是梵』；現在，這個態度已經被拋棄了。」（尼薩迦達塔《能知之力與究竟實相》，一九八一年四月六日的談話）

這就如同馬祖道一禪師身上的著名懸案：「即心即佛」聞名叢林之後，他又開始改變口風，說「非心非佛」。曾有僧人問他「為什麼說即心即佛」，他答道：「為止小兒啼。」僧人又問：「啼止時如何？」馬祖云：「非心非佛。」但若是說「即心即佛」不究竟，那麼只管即心即佛的大梅法常禪師為什麼又得到了馬祖的肯定，說他「梅子熟也」呢？這樁懸案，馬祖道一始終沒有留下解釋。

中國的禪師不愛說得太破、太過，他們往往言簡意賅，點到為止，更多的是直接在生活中把「能知之力」的作用表演出來給你看，所以是「教外別傳」。然而相隔千年之後，連什麼是「即心即佛」，如今已罕有人指點得清楚，更遑論「非心非佛」。慶幸的是，在尼薩迦達塔．馬哈拉吉的教導中，我們能夠看到對此的絕妙呼應，他清晰地解釋了，為什麼要「即心即佛」？——因為「知之一字，眾妙之門」[2]；而為什麼要「非心非佛」？——因為「知之一字，眾禍之門」[3]。

在早期的教授中，他鼓勵人安住在非個體性的遍在「能知」上，《我是那》裡大多用的就是這個方式。他說：「覺即我的本性。」（《我是那》第17章）。他那時頗為注重禪修，每天會帶領弟子打坐，但在得了喉癌之後，他否定了禪修，並告誡聽眾自己晚期的教法具有更大的意義：「食物之身是存在的本質，沒有了食物之身，就沒有了存在，你不是存在。一個對此確信無疑的人，是沒有需要或必要去禪修的。只有還在認同存在，禪修才會繼續。《我是那》這本書裡，說的就是這個方法，如果摩里斯·佛里曼[4]現在還活著的話，我會把這個說清楚的。現在《我是那》這本書已經被超越了，此刻，我沒有形象也沒有名字。」——尼薩迦達塔《我從未出生》（*I'm Unborn*），一九七九年十二月十九日的對話 *A Wound*

本書是尼薩迦達塔·馬哈拉吉臨終之時留下的開示紀錄，名為《能知之力與究竟實相》（*Consciousness and The Absolute*），是其心子簡·鄧恩（Jean Dunn）所編輯的尼薩迦達塔的臨終開示三部曲的其中一部。

在其臨終的教導中，他一方面依然肯定這種遍在的「知」是所有人唯一的資本和唯一可以利用的，那就是展現一切顯現的力量，所以應該把它當做上帝一樣來崇拜，與它合一之後，所需要的一切靈性智慧，都會自動湧現出來。但另一方面，他開始否定這種「知」，因為它並非究竟、永恆，它有其時效，自動產生，必定會自動離開，而最終一切都會消融，回到究竟實相中。這種「知」只是究竟實相之上的一層覆蓋，雖然它是展現一切的力量，但正是因為出現了這種「知」，一切的痛苦才開始了。所以說「知之一字，眾禍之門」。他反覆提醒說，真正的你，並不是這一種遍在的能知。

「除了『知』（knowingness）之外，什麼都沒有發生，只是有一根『知』的刺，扎在了你『不知』（no-knowingness）的本然之上而已，這根刺毫無用處。從『能知』之中升起的任何東西，我都不會認同。」——尼薩迦達塔《能知之力與究竟實相》，一九八一年二月十二日的談話

「當下的存在之感就是覺照。除了這個之外，就沒什麼了。這種『能知』，

覺察著出現在『能知』之中的對境；而『能知』本身，也是一個暫時的狀態，被旁觀著。」——尼薩迦達塔《能知之力與究竟實相》，一九八一年二月二十七日的談話

「『能知』是殘缺的，是疾病，為什麼它要出現呢？對智者來說，『能知』根本就沒有出現過。如果『能知』試圖了解自己，時機成熟時，它就會穩定於究竟實相之中。當『能知』在究竟實相中穩定下來時，它就知道自己像幽靈一樣，是虛假的。」——尼薩迦達塔《能知之力與究竟實相》，一九八一年六月二十八日的談話

在這本書中，幾乎每一篇談話，讀者都會看到貌似截然相反，但又各自成立的這兩種觀點。了解「知」之一字，即是眾妙之門，又是眾禍之門，這就是理解尼薩迦達塔・馬哈拉吉晚年教法的關鍵。當今許多靈修導師口口聲聲說要悟後起修，要做功夫，要保任，要培養、保持覺知，要把覺知帶到睡眠中去並穿越睡眠，只有這樣才有力量，臨終時才有能力選擇，才算有了解脫

的把握——對這樣的修行者，尼薩迦達塔對「知乃是眾禍之門」的強調無疑是一記當頭棒喝。尼薩迦達塔預言了自己這些最終的開示，會讓後世的修行者倍感震驚，將會戳破他們最後的那絲執著。

「在這裡所錄音和記錄下來的內容，隨著時間的推移將具有難以想像的價值……這樣的談話只是寥寥數語，但那些在某些時候會為自己的成就而感到驕傲的人，當他們聽到這些話時，他們自身的明覺會突然之間消失不見，讓他們感到震驚。」——尼薩迦達塔《先於能知之力》，一九八〇年十二月十三日的談話

昔日有馬祖道一禪師，「即心即佛」、「非心非佛」兩大口訣，踏殺天下所有糊塗漢子。而現今有尼薩迦達塔·馬哈拉吉，先以「我就是那」行獅子之吼，後又以「先於能知」的追問，熄滅天下所有修行人的明覺癡念。他說：「我不造就弟子，我造就上師。」

深受其宗師氣概折服的我們，將此書翻譯成了中文，並儘量將其語言，以簡潔而雄壯有力的中國禪宗風格呈現。在此特別地感謝我們的上師三不叟的耳提面命，使我們得以從禪宗的角度一窺印度不二論導師的堂奧。

願一切眾生，於無明黑暗中見自性「朗月當頭」。

願一切眾生，於究竟實相中「月落後相見」。

智嚴，鍾七條

二〇一九年八月

所有的讚美都歸於自性上師

致謝

室利・尼薩迦達塔・馬哈拉吉（Sri Nisargadatta Maharaj）的談話由瓦納嘉（N. Vanaja）女士錄音，她沒錯過任何一次會談。對於她的盡心奉獻，我們由衷感謝。

在把開示從錄音謄寫為手稿的過程中，我一直待在馬哈拉吉的身邊，每天都在抄錄。在他的祝福下，我於一九八一年四月二十四日回到美國，設法在他離世之前將他的談話出版成書。然而，直到他去世後，本書才得以出版。由於馬哈拉吉只說馬拉地語，因而會談之時總有翻譯在場。其中主要的翻譯有索米特拉・穆拉帕坦（Saumitra K. Mullarpattan），他跟隨了馬哈拉吉很多年；拉瑪虛・巴爾斯卡（Ramesh S. Balsekar）在馬哈拉吉在世的最後三年裡追隨左右；還有達摩衍蒂・多伽吉（Damayanti Doongaji），她是一名老弟子了。我們深深感謝所有這些人。

我要特別感謝馬喬莉・羅素（Marjorie Russell）協助編輯了這份手稿，以供出版。

我的上師尼薩迦達塔・馬哈拉吉希望原封不動地發表他的談話，我遵循了他的意願，直接採用了翻譯的結果而沒有修改字句。對手稿的編輯只是修改了標點符號，並未改動語言和風格。如果讀者對於某些用詞難以理解，可以參考書末附錄的術語表。

馬哈拉吉有些談話重複，原因在於馬哈拉吉的身體非常虛弱，將不久於世，但他仍繼續諄諄教導。在他留給我們最後的話語——《能知之力與究竟實相》中，這一點再明顯不過了。

簡・鄧恩

導論

尼薩迦達塔．馬哈拉吉的開示已經出版成好幾本書，書中採用一問一答，即原本開示之時所用的形式。摩里斯．佛里曼（Maurice Frydman）所翻譯的馬哈拉吉的談話錄《我是那》（*I Am That*）[5]和其後的談話錄，其中也有我編的書，都成為指向馬哈拉吉的心要教授的路標。許多西方人閱讀了這一系列談話錄後，都開始追隨他的教導。現在，這一黃金書系又多一塊路標——《能知之力與究竟實相》。

本書是室利．尼薩迦達塔．馬哈拉吉最後的教導，大家從世界各地前來聆聽他的開示，這是他們之間最後的對話。這些談話，發生在他生命最後的日子裡，是他給我們的最珍貴的教誨，也是他教言的頂峰、智慧的頂點。

這些談話就發生在樓上的一間小屋，是他在大約五十年前為自己的禪修而建造的。在四十年的時間裡，來向他尋求靈性指引的求道者不計其數！他的這些談話簡明扼要，因為當時他正為病所苦（他得了癌症）。儘管他的身體遭受了極大的疼痛，但他顯然知道，他不是那個身體。我們從未從他的嘴裡聽到一絲呻吟或抱怨，只因為他說了，我們才知道他的身體在受苦。僅是看著他，就令人心生敬畏。

摩里斯．佛里曼形容這位偉大的導師「熱心、溫柔、機智幽默、毫無畏懼、真實無比；他激勵著、引導著和支持著所有來到他身邊的人」。其他人則形容他如同一隻猛虎。你需要什麼，他就是什麼：善良、溫柔、耐心、唐突、粗暴、不耐煩，這些情緒流動如同夏日的微風輕拂，不在他身上留下痕跡。

他的教導極其有力，充滿著他所宣揚的唯一旨趣：「拋棄所有你讀到和聽到的一切，只是如其本然。你，作為究竟實相，不是這種『純淨我在』，但現在你必須安住於『純淨我在』。」他一遍又一遍地這麼說。然而，恰恰是這種反覆的教導，意義非凡，因為我們圍繞著這個虛假的自我構築了一個堅硬的保護殼，所以，需要不斷的敲擊，來打破這個硬殼。這種重複的教學風格，是他智慧和教授技巧的一部分。

他教導我們要自己去發現，去思考他的話，去問自己：「這是真的嗎？」他說，人必須找出身體是什麼、自何而生，心無執著地探究，不帶評判地觀察。這樣很快就會發現，身體就像一個機器人，已被他人編好程式。我們要轉向內在，轉向「那個」——是「那個」讓我們知道自己存在的，我們要去與「那個」成為一體。

安住在「純淨我在」（或者說能知之力，即純粹的愛）中，能知之力自己會給出我們所有的答案。此刻，我們便是能知之力，這不是個體性的能知之力，而是非個體性的、遍在的能知之力。隨著時間的推移，能知之力會向我們揭示，我們甚至連它都不是，而是永恆的究竟實相，無生也無死。

有些人有幸見到他，與他做了最後的交談，這些對話非常深刻，他智慧非凡，其中所有精妙之處，都展現在這些最後的對話中。

願你在讀到他的話語時，從中能體會到他的祝福。

簡・鄧恩

自我感的束縛

一九八〇年五月一日

問：智者是如何看待世界的？

尼薩迦達塔：智者了解能知之力（Consciousness）[6]的起源及意義，這份「本然」（beingness）[7]自然對他展露出來。同樣的能知之力扮演著多種角色，有些快樂，有些不快樂；但不管什麼角色，智者僅僅是旁觀者。角色對智者沒有影響。

你所有的問題都是身心帶來的。即便如此，你還是對那副身體緊抓不放。既然你認同身心，所以你說話時會注意措辭，要有禮貌。我不會這樣。我可能會使你難堪；你或許無法接受我說的話。我不跟人客套。

你被自己的概念和見解所束縛。實際上，你愛的只是這種自我感；你做每件事都是為了這個。你做事不為誰，也不為國家，只為了這種自我感而做，你愛它愛得難以自拔。

問：可是我就是喜歡行動，我喜歡工作。

尼：所有活動都在進行，但也只是娛樂而已。醒位和沉睡位[8]自然而至，來了又去。因為這個自我感，你會自動想工作。但是，要弄清楚這種自我感是真是假，是永恆，還是一時的。

呈現出來的這個「我」是虛假的，我已經證明了它是幻相。在證明「我」為虛假的同時，那個知道「我」並不真實的，又是誰？是你內在的明覺（Knowledge）[9]知道「我」為是假的；這明覺了知著變化，那麼明覺本身，必然是不變而永恆的。

你是幻相[10]，你是妄想。正因為我知道我是虛幻的，所以我知道你也是虛幻的。並非因為我是真，所以你為假；而是因為我是假，所以一切都是虛妄。

能知之力依賴身體；身體需要食物的精華[11]。現在說話的，正是能知之力。如果食物精華不存在，身體就無法存在。沒有身體，我還能說話嗎？

你能做什麼來保持這種自我感嗎？既然自我感自然地來，也會自然地消失，它不會通知你說：「明天我要離開了。」

你因為有疑問，所以努力找解答。但是，那個有疑問的是誰？去找出來吧！

遍在

一九八〇年五月十日

尼薩迦達塔：我是永恆遍在——我是怎麼知道這個真相的呢？是藉由冥想[12]於冥想者，把「我在」[13]融入「我在」而得知。我直到那時我才明白我的真實本性。偉大的聖人們也是以同樣的方式冥想。沒人告訴我該怎麼做，我沒有向外尋求這方面的智慧，它就自內心湧現。

我像聖人們一樣禪修，得到了淨觀[14]。最初，有空間，在空間中，我看到了「道」的化現。事實上，「道」沒有身體，但在我的淨觀中，「道」有身體。我稱「道」為普拉克瑞蒂和普魯薩[15]，分別是遍在能知的男性與女性的面向。

能知之力充滿活力、無所不在。在普拉克瑞蒂和普魯薩結合之前，能知之力處於休眠狀態。當男性和女性的面向結合之後，排放物[16]就被植入了這些形象的女性之內。當這些排放物融入子宮後，便開始具備形體。懷胎九月後，嬰兒誕生了。

植入子宮的「能知」，是因種之身[17]，即「種子身」[18]。在那個「種子身」中，「明覺─我在」[19]處於休眠狀態。這就是我在冥想中所看到的。

問：我們是如何失去這種純粹能知的狀態的？

尼：每個人都直接或潛在地經歷了「遍在」[20]的狀態，但是我們太沉浸在這個客觀世界裡了，以至於忘了自己的本來面目。你必須知道這個作為基礎的「我在」是什麼。它自動出現，概念上生命的謎題也隨之而來。

問：尋找我的眞我[21]應從何下手？

尼：從起源處開始。在這個粗重的世界裡，我來自於父母，因為我很清楚，當他們的身體元素聚合時，我之基礎就已藏在其中，我是從那裡生長出來的。但我得出的結論是，我不可能是來自母親身體的那個基礎。

這裡沒人活了有一百歲，但這是否意味著一百年前你並不存在呢？

問：我不知道。

尼：說「我不知道」的「那個」，一定都在；簡單來說，雖然你過去不是現在這樣，但你一定曾是某某。你必須正確地領會這一點。「一百年前，我不是現在這樣」——所以，指出這一點的「那個」，那時一定也在。你曾經存在，現在還是，直到永遠。

我所闡述的，與世俗知識無關。無論是世俗知識還是所謂的靈性真知，你都不想放棄。然而，你卻想藉由這些世俗的概念，來理解存在的奧祕，這正是你無法理解的原因。

事實上，你的狀態是一種究竟的喜樂，而不是這種能被感知的狀態。在那個非感知的狀態中，你充滿了喜樂，但你不會體驗到它的存在。在那種狀態下，沒有痛苦或不幸的痕跡，有的只是純粹的幸福。我現在在說什麼？

問：喜樂。

尼：因為你想要根據自己的觀念去獲得一定的滿足，所以試圖去衡量純粹無雜的喜樂。「喜樂」一詞，只有在指涉肉體能體驗到的，才有意義。當你在深度睡眠中看到形像，實際上是在做夢。那些夢中的形像，難道不是出於你自身的「本然」[22]嗎？無論你看到什麼，即使在醒位，難道不是出於寓居於體內的「本然」嗎？

在深度睡眠中，「能知」處於潛伏狀態；沒有身體，沒有概念，沒有負擔。當完全抵達醒位，「我在」這一概念也隨之而來，「我在」之愛[23]就醒了。那本身就是摩耶，就是幻相。

問：馬哈拉吉[24]的意思是說，體驗這三種狀態的是眞我嗎？

尼：那三種狀態是「有屬性的梵」[25]的狀態；因為你之「本然」，其他的狀態才會存在。夢中的世界非常古老，不是新的。你在夢中看到了古老的遺跡。你的「本然」是非常強大的。

這種「本然」的出現，其本身就構成了時間。一切都是「本然」，但「我」這個究竟實相並非如此。在冥想中，有空間，無形中突然出現了兩個身形：普拉克瑞蒂和普魯薩，這兩種形象的本質正是「明覺—我在」。從無形中，突然就出現了形象，這就像在夢境中一樣。

假設你躺在床上做夢，但在夢裡的世界，你看到了一副身體，你認為那個身體就是自己，並且藉由這個夢中的身體做所有事。和這一樣，在所謂的醒位狀態中，各種身體被創造了出來。

普拉克瑞蒂和普魯薩的境界是無形而永恆的，無始亦無終，不過五大元素由此而生，身體也同步形成，在那個當下也首次感知到了時間。這一過程持續不斷，擁有肉體形體僅僅表示能夠體驗時間。但不是人人都對這種說法心悅臣服。

在所謂死亡的那一刻，你想以什麼身分離開？

問：以超梵[26]的身分離開。

尼：所謂「超梵」的這個究竟實相，是什麼樣子？你現在就是在用文字套文字，用概念來套概念。

問：馬哈拉吉，請務必讓我從中擺脫出來。

尼：你能定義你是什麼嗎？

問：我必須得到您的加持，才能明白我是什麼。

尼：你很擅長文字遊戲。當我在談論超越這個現象世界的智慧時，你卻試圖用世俗的概念和語言來理解。放下所有這些概念，去探究你存在的本質吧！你怎麼會是這樣的？好好想想！當你本具的智慧在你之內萌芽時，上師真正的加持就會到來。

涅槃

一九八〇年五月十四日

尼薩迦達塔：醫生診斷出這副身體得了癌症。聽到這麼嚴重的診斷，有誰會像我一樣快樂嗎？這個境是你直接的體驗，是你自身所見。所有正在進行中的事情都發生在這個層面上，但我並不在這個層面上，我已經把自己從薩埵屬性[27]中分離出來，薩埵屬性即「本然存在」。

靈性的終極狀態是無時無刻都無欲無求，一切事物都沒有意義。這種狀態叫做「涅槃」，即「無相」[28]，那就是永恆無上的真理。這番談話總結起來，可歸納為「自性—上師—超梵」[29]，即無所求的狀態。

宇宙消融之後，所造萬物的痕跡絲毫不現之時，剩下的就是我的圓滿境界。在整個宇宙生滅的過程中，我始終不受影響。這點我還沒解釋過：我的狀態，從來沒有感受到宇宙生滅。我是那超越了一切生滅的基底。這是我的狀態，也是你的狀態，但你沒有發覺，因為你一直擁抱著你的「存在」不放。

你要知道，只有憑著堅不可摧的信念，與那永恆的「自性—上師—超梵」的支持，才有可能發覺自己的狀態。這個狀態，這個超梵的基底，永恆不變，也就是自性上師[30]。這是上師座下每一位弟子的資產，永恆不移。

你是問題也是答案

一九八〇年七月二十九日

問：爲什麼會產生這種能知之力？

尼薩迦達塔：你既是問題，也是答案。一切疑問都源把自己等同於身體。比身體和能知之力更早就存在的相關問題，怎麼可能會有答案呢？有的瑜伽士為了探尋這個問題的答案禪修了很多、很多年，還是不明白，你卻在抱怨。

問：這是一個巨大的謎。

尼：對於無知者這才是神祕的。對於不認同身體之人，這不再是一個謎。

問：馬哈拉吉不能告訴我們嗎？

尼：我一直說，但你們沒在聽。

問：馬哈拉吉把我們視作個體嗎？

尼：個體並不存在；存在著的，只是擁有「明覺—我在」的眾多「食物之身」。螞蟻、人、神之間沒有區別，性質都相同。螞蟻的身體很小，大象的身體很大。力量因身形而不同，但「生命之力」[31]是相同的。對於明覺來說，身體是必須的。

問：馬哈拉吉是如何得到「尼薩迦達塔」這個名字的？

尼：我有段時間一直在作詩。詩句常常從我內在油然而生，就在這過程中，我自然地署上了「尼薩迦達塔」這個名字。我醉心於寫詩，直到上師提醒我：「你太沉迷寫詩了，適可而止吧！」

上師的用意何在？是為了讓我融入「究竟」的狀態，而不是耽溺在我的「存在」之中。

我就是這樣了悟真知的，而不是藉由精神上的造作。我的上師說：「就是如此。」於是對我來說，就結束了！如果你繼續待在智性的領域，你將會捲入層出不窮的概念中，迷失了自己。

能知之力隨著時間而不斷流動。但我，究竟實相，不會與之永遠相伴，因為能知之力受時間限制。當這種「存在」消逝，究竟實相不會知道「我在」。表象的顯與隱、生與死，都是「存在」的品質，不是你的品質。解了小便後，飄出一陣尿騷味——難道你是尿騷味嗎？

問：不是，我不是。

尼：這個「存在」就像尿。你會是那種「存在」嗎？

問：絕對不是！

尼：你不需要繼續修行了。對你而言，上師的話就結束了一切。

靈性知識

一九八〇年十月五日

尼薩迦達塔：我沒有個體性，我不打算假扮成「人」的姿態。能知之力，昭昭靈靈[32]，無論其中發生了什麼，就這麼發生了。

大家把自己的概念套在我身上，他們也是照著自己的概念行事。顯化一切的，是能知之力，僅此而已。誰在說話？誰在走路？誰在坐著？這些都是「我在」那個「化學要素」[33]在作用。你是那種化學要素嗎？你談論著天堂和地獄，談論著這個或那個大聖者，但是你呢？你是誰？

人會在禪修中看到許多淨觀。這些淨觀出現在化學要素，也就是你的能知之力的領域中，不是嗎？所有這些都只和「生之化學要素」有關。你並不是「我在」這種化學要素！

靈性知識不是用來研究的，而是從聆聽中獲得的真知。當聽者聽進去、並接納了真知，他內在之中，就會靈光乍現。

這個「我在」是有自他相別的，是二元性的一種展現。

時間的泥淖

一九八〇年十一月八日

問：爲什麼我們好像順理成章地認爲自己是獨立的個體？

尼薩迦達塔：你對於個體性的想法，實際上不是你自己的想法，這些都是集體的念頭。你以為是你這個人有了這些念頭；事實上，念頭是在能知之力中升起的。

隨著靈性明覺的增長，對個體身心的認同也會減弱了，而「能知」便擴展為「遍在能知」[34]。「生命之力」[35]繼續作用，但其產生的念頭和行為不再局限於個人，成為了整體的顯化。就像風的行為——起風不是為了特定的個體，而是為了整體的化現。

問：作爲個體，我們能回到源頭嗎？

尼：個體不會回到源頭；「明覺—我在」一定會回到其源頭。

現在，「能知」認同一種形態[36]。之後，「能知」明白了它不是那個形態，它就繼續回溯。在一些情況下，它可能到達了空間，而且通常就在此止步不前了。在極少數情況下，「能知」會達到它真正的源頭，超越一切限制。

將身體視為自我的習氣，很難放下。我現在不是在對一個個體說話，我是對能知之力說話。「能知」一定要找回它的源頭。從「無存在」(no-being)的狀態中產生了「存在」。它如同暮光一樣悄然而至，只是伴隨著一絲「我在」的感覺，然後，空間就突然出現了。在空間中，風、火、水、土產生了運動。這五大元素都只是你。這一切都是從你的能知之力中產生的。沒有個體，只有你，整個運作就是你，能知之力就是你。

你是能知之力，所有神的名號都是你的名字，但是，因為執著於身體，你把自己交給了時間與死亡——是你將時間與死亡強加給自己。

我就是整個宇宙。當我是整個宇宙時，我什麼都不需要，因為我就是一切。

但我把自己蜷縮成一個小東西，一副身體；把自己變成了一個碎片，於是變得充滿需求。作為一副身體，我需要很多東西。

沒有了身體，你現在是否存在？你過去存在嗎？現在和過去，你是否存在？那個狀態無論是現在還是過去，都是在身體存在前就在的，去達到那個狀態吧。你的真實本質是開放而自由的，但你遮蓋了自性，用種種樣子限制了它。

存在的目的

一九八〇年十一月九日

問：馬哈拉吉教導我們的那種漠然，應該教給孩子嗎？

尼薩迦達塔：不要。如果教了的話，他們就沒有成長的雄心壯志了。他們必須具有一定的抱負和志向，有一定的欲望，才能茁壯地成長。

一個徹底探究過自己的人，一個了悟的人，永遠不會試圖干涉能知之力的演出。沒有哪位造物主會擁有如此廣博的智慧；這整齣戲都自動上演著，背後沒有心智，所以不要試圖使用你的心智去改變；別管它就好。就連心智都是這一過程的後續產物，所以，心智怎麼可能掌控這整個創造呢？更別說去評價其優劣了。探究你自己吧，這就是你存在的目的。

靈修，只是領悟這場能知之力的遊戲——試著找到其源頭，揭開這場騙局。

本錢

一九八〇年十一月十二日

尼薩迦達塔：「純淨我在」[37]、顯化的梵、神，都是同一件事；請深思並意識到這一點。這個機會千載難逢，詳細地解釋這三者實而為一，請充分把握機會學習。

你是昭昭靈靈的梵。你的真實狀態是什麼，我告訴過你很多次了，但是，由於習氣作祟，你一再陷入身體認同之中。現在走到了這一步，你必須放棄這種身體上的認同。身體的活動還會持續，直到身體死去，但你不應該認同身體。

問：我們該怎麼做？

尼：你可以觀察到身體，所以你不是身體。你可以觀察呼吸，所以你不是命氣[38]。同樣地，你不是「能知」，但你必須與「能知」合為一體。當你穩定在「能知」中時，會自動喪失對身體的執著，而對於藉由身體表現出來的種種，也會自動失去興趣。這是一種自然的放下，而不是刻意為之。

這並不意味著你應該忽視你的世俗職責；要帶著滿滿的熱情去履行義務。

問：難道我們不應該重新找回嬰兒對身體的那種超脫嗎？

尼：要了解孩子是從哪裡來的。孩子是父親的精子和母親的卵子所結合的產物。能知之力存在於父母身上，也存在孩子身上；無論是孩子還是成年人，他們的能知之力總是相同的。「能知」只有一個，你必須與那個「能知」合而為一並穩定於其中，然後超越它。要懂得，能知之力是你唯一的本錢。

你對自己了解到什麼程度？

問：我依偎在自性上師的足下，除此之外，我一無所知。

尼：你必須這麼做，但是你應該理解「自性上師之足」的涵義。要明白，就像身體移動是從腳開始，變動也是從「不知」開始變成「知」。當「知」發生時，那就是自性上師在運作。去到那個運作的源頭——「純淨我在」開始的地方。你去捕捉那個運作所做的努力，是不會白費的。「依偎在自性上師的足下」是「知」與「不知」之間的分界線。

名相

一九八〇年十一月十七日

問：難道不該把所有的知識都拋棄嗎？

尼薩迦達塔：你必須全面具備這個能知之力的知識，並且在了解了關於能知之力的一切之後，你會得出結論，這一切都是虛妄，然後知識就該退出了。聽了這些談話後，坐下來冥想，「我所聽到的，是真實還是虛妄？」然後你會明白，這也是要捨棄的。

那個能夠判斷世界是否存在的基底，它比世界更早就存在了。一切都藉著「那個」[39]而被了知，「那個」存不存在，有誰知道呢？

當我說到超梵時，你就說你明白了。名字只是一種用來交流的工具，你明白我指的是什麼嗎？

問：智者知道這全是一場幻相，沒有路存在；但如果身處幻相中，人會相信有一條路可走，而且還有某處可以去，那麼用方法去實現更多幻相，這麼做有意義嗎？

尼：「幻相」——是字彙，不是嗎？

問：它是字彙，表示一種概念。

尼：那也只是一個名詞，不是嗎？

問：是的。

尼：那麼，你還指望有什麼虛幻的詞語能滿足你呢？

只是見證

一九八〇年十一月十八日

尼薩迦達塔：我現在的視野不受限制，全然自由。

人最終必須要超越明覺，但一定要先獲得明覺，而不斷的禪修可以帶來明覺。藉由禪修，「明覺—我在」逐漸地穩定下來，並與「遍在明覺」[40]融合在一起，從而變得完全自由自在，就像天空或虛空一樣。

大家來到這裡，想要獲得知識，甚至是想獲得靈性真知，但他們是以個體的身分前來祈求，真正的難處就在這裡：那個「求道者」必須消失。

當你知道你的真實本性時，「明覺—我在」依然存在，但那個明覺是不受限的。你不可能獲得明覺，因為你就是明覺。你，就是你在尋找的東西。

你的真實「本然」，早在概念出現之前，就已經存在。你身為「對象」

（object），你能理解在概念產生之前就存在的東西嗎？在沒有「能知」的情況下，有任何事物存在的證據嗎？「能知」本身就是頭腦，是念頭，是一切現象，一切顯現。領悟了這一點，就是在活著的時候死去，不再認同「我是身體」。這種智慧只在罕見的情況下才會出現，這是一種非常難以把捉的智慧，就算努力也沒用；事實上，勉強反而是一種障礙，它是一種憑直覺得到的領悟。

問：那麼，所有的靈性修持都應該放棄嗎？

尼：從最高的層次來看，是這樣的；但在初期，你必須做好你的功課。

那些能夠憑直覺領悟這一點的人，會對世俗事務失去興趣。失去了世俗的興趣後，他們會得到什麼呢？無論他們失去了什麼，都只是平民百姓的東西，但他們得到的回報，將和國王相稱。那些有所領會並達到一定層次的人，不會要求什麼，但一切都會自然而然地出現在他們面前。對一切都無有期盼，然而，一切都會具足。

一切具足，非為了某個個體，而是為了整個宇宙的化現，或者為了那個與自己的真實本性合而為一之人的顯現。對於智者來說，發生的只是見證。

當「存在」忘卻自己

一九八〇年十一月二十日

尼薩迦達塔：那個能夠自知自明的基礎，就蘊含於生物體內，連蠕動的蟲子中也有它，因為蟲子的本能知道牠自己。

聆聽我講話，你會被轉變回你的本初狀態，那個你出生之前的狀態。現在，不管你過著什麼樣的生活，轉變都會發生。我現在的談話和以前很不一樣，是站在一個更高的層次，因此我沒有邀請任何人來聽我講話。我建議大家都不要來聽，因為聽了之後，會漸漸對自己的家庭或日常生活漠然置之。

語言的能量和命氣的能量應該相互融合，趨於穩定。否則，如果任由這兩股能量向外走，它們就會分散掉。

如果你想要平靜，那就穩定在你開始存在的那個點上，安住在那裡。「唵」[41]是未敲擊前的響聲，是未發音前的詞。

你沒有聽懂我的談話，你還沒能夠覺察到你能知之力的本質。能知之力就像是一齣戲的劇情，是演出來的。你無依無靠，根本無所依託。出生、父母，這一切都是幻相。錯，就錯在把身體當作自己。如果你不要緊抓住身體，不要認同身體的話，一切都太平無事。

當「存在」忘卻自己，那種狀態就是超梵。身體以食物精華維生，而身體的產物就是「知」。這種「知」[42]不是你的真實狀態。你是究竟實相，不是身體。

概念世界

一九八〇年十一月二十一日

尼薩迦達塔：無論我之前的想法是什麼，現在都變了。現在的情況是，就算是最細微的個體感也已經完全消失，是「能知」本身自動體驗著。結果就是，全然的自由。一直以來，都有著全然的堅信，是「能知」在體驗，但「能知」正在體驗著的那個「我」也存在著。現在那個「我」完全消失；因此，無論在「能知」的領域中發生了什麼，我——在「能知」之前就存在的我，對此毫不關心。這個體驗，正是「能知」體驗著其自身。

然而，即便「能知」不是個體，還是要明白什麼是「能知」。「能知」的基礎和來源在物質之中。我所說的話依然屬於概念世界，你不必把它奉為真理。概念世界中沒有什麼是真實的。

一旦診斷出病情，疾病的名稱便觸發了各種不同的想法和概念。看著這些想法和概念，我得出了結論：無論發生什麼，都是在「能知」之中。我對「能知」說：「是你在受苦，不是我。」如果「能知」想繼續受苦，就讓它留在身體裡吧；如果想離開身體，就隨它去吧。怎樣都好，我不在意。

形形色色的事情發生了，種種想法、體驗都記在我帳上，但一旦我看清了它的本質，這些帳簿就全被燒毀了，我一個帳戶也沒了。

看到人自認為是獨立的個體，認為是自己在做事、是自己有所成就，這真是有意思。當「我在」出現的時候，無論發生了什麼、有什麼體驗，都發生在這個「能知」之中。

如其本然

一九八〇年十一月二十四日

問：如果在出生前和死亡後沒有區別，都一樣，那試圖了解我們現在是誰的理由何在呢？不是都一樣嗎？

尼薩迦達塔：太陽光和太陽，兩者有什麼區別嗎？

問：唯一不同的是中間發生了什麼？

尼：無論生與死之間發生了什麼，也只是能知之力的一種表達。即使在能知之力的領域中，你也只是用各種概念來自娛，消磨時間；你還做了什麼？

問：馬哈拉吉在玩弄各種概念嗎？

尼：沒有。正是能知之力自己在玩耍。

問：即使馬哈拉吉已經脫離了能知之力，他的能知之力還在玩耍嗎？

尼：能知之力不是私有財產，它是大家的。

問：雖然我們理解這一點，但有時它似乎只局限於一副身體。

尼：你正試圖用心智去理解；只是如其本然吧。當我告訴你，你是那個活活潑潑、昭昭靈靈的明覺時，你就是一切。你還想要什麼？

問：我知道我來這裡是因爲馬哈拉吉給了我鏡子，但這次他向我揭示了，我就是我自己的鏡子。

尼：正因為如此，你不應該待太久。

問：離開這裡後，我們該做什麼？

尼：取決於你。如果你安住在能知之力中，一切都會自然而然地發生。如果你還依然處在認同身心的水準，你會認為是你在做事。如果你確實遵照了我所說的，你就會和你的真我合而為一。那時，人會服侍你，拜倒在你的腳下。你所需要的一切都會發生。行為活動必然會發生，能知之力永遠無法保持靜止，會永遠忙碌著——這就是它的本性。當你來到這裡，你有一定的期望、一定的願景，但聽了我的講話後，所有這些都消失了。

問：即使我直覺自己懂這些，怎麼還是不情願放棄我所不是的一切？

尼：你的這種領悟還沒有徹底穩定下來。你的信心應該要堅定到將來對此也不會有疑問。就好像，人死了，被火化了，一切就都結束了，還會有什麼問題嗎？就像那樣，一切都結束了。

問：我要怎麼努力才能那樣？

尼：不勉強，如其本然。

當「能知」完全了解了「能知」後，它還會接受身體是自己嗎？「能知」屬於整體，它不會從整個化現中挑出一個碎片，然後說，「我就是這個。」

能知之力就像一盞燈般表露自己。這場五大元素的遊戲就是能知之力的展現，是能知之力散發出來的光芒而已。最終，五大元素的遊戲還是會融入能知之力，因為這場遊戲是能知之力的產物。

上師

一九八〇年十一月二十五日

尼薩迦達塔：有人來這裡待上幾天、幾周，甚至幾個月，當他們所聽聞到的教誨開始生根的那幾天，就是該離開的時候了，這樣生了根的東西才有時間成長、開花。一旦種子生了根，他們就必須離開。生了根後，一定會開花，一定會在每顆心中綻放開來。

問：馬哈拉吉曾經說過，從這方面看是師父領進門，修行在個人。

尼：我的上師告訴我，唯有能知之力才是上師，其他一切進展都是在我之內萌發產生的。果實應該長在你自己的樹上。我不應該把我的理解灌輸給你。

傳統習俗和傳統知識對我來說毫無用處。如果你對傳統略有研究，就會發現那一切都是一個概念。我只關心一個事實。當下，我是處於我的全然無別之中，甚至覺察不到我的「覺」，然後突然這個「能知」出現了。怎麼回事？這個問題需要去探究。

人必須了解幻相的這個騙局是多麼的狡猾；首先，它向我們展示了我們的身體，讓我們相信我們就是身體，但身體只不過是一滴後來與卵子結合的精液而已，而在精子中，「能知」是潛在的。你明白這個騙局是怎麼回事嗎？

身體的精華就是食物的精華，「能知」從一開始就潛伏其中。整個宇宙都在這種「能知」狀態之中。看到這一點，明白的人一定會心如止水，因為他知道發生的一切轉瞬即逝。我們被教了很多知識，這些概念數不勝數，但都只是基於能知之力的外在顯現而已。

個體並不存在

一九八〇年十二月五日

尼薩迦達塔：這個病恰恰證實了不存在個體性（personality），也不存在個體（individual）。是誰生病？疾病是整個昭昭靈靈、活活潑潑的「生命之力」（能知之力）運作的一部分；是能知之力[43]的遊戲。在能知之力存在之前，我的真實狀態就在了，不需要能知之力。

我們在唱誦拜讚歌[44]時，有兩句詩是關於「持輪者」[45]的。「持輪者」指的是「純淨我在」，生命的基礎，顯化的基礎。就像這個打火機，氣體本身沒有光，但它的表現形式是火焰；它充滿光、生命、能量。即使在原子和亞原子中，那個能量也在。

能知之力自動運作，會發生什麼，你不知道。例如，我說了些什麼，M用一種方式翻譯，B會用另一種方式翻譯，他們怎麼理解的，就怎麼翻譯。事情就是這麼展開的。上主黑天說，這個持輪者「就像一個飛輪，轉動著所有的生命」。那個能量在清醒狀態下驅動著萬物，在深度睡眠中潛藏著。人對覺知毫無覺察，這樣過了多久？本來是渾然無知的，但是突然之間，「能知」出現了。有人沿著這個方向思考過嗎？「能知」或許會潛伏很久，但突然之間就自動出現了，這難道不令人驚歎嗎？

問：「遍在能知」是否會覺察到自己是「遍在能知」，還是說只有具有形體後才會覺察到？

尼：覺性對其「覺」無有覺察。如果你對我講的這些太投入的話，你就會拋掉你正在寫的書，一切都拋掉。

問：我會把書寫完，然後就完了。

尼：（對簡．鄧恩[46]說）你答應我把書寫完。「遍在能知」是不會去寫書的，你要怎麼去寫書呢？

問：它會自動發生。

不來不去

一九八〇年十二月八日

尼薩迦達塔：我所談論的能知之力此刻正透過這個身體運作著，但你看不出來。這種能知之力並不局限於身體，而是「遍在能知」[47]；我現在無法談論其他事情。已死之人是不會擔心。別人喜不喜歡聽，都不重要。也許你會因為聆聽我的談話而得到加持、有所收穫，我不知道。

我所有的行為，看似是透過這個身體在做，但都是遍在的能知之力所進行的活動。我並不去回想過去發生的事情，然後再行動；一切行動都在當下。

問：能知之力從何而來？

尼：它無來也無去，只是看似來了。

問：爲什麼馬哈拉吉知道這一點，而我們卻不知道？

尼：你要知道也不難，但你以什麼樣的認同在提問呢？

問：這是業力嗎？業力可以改變嗎？

尼：這全是能知之力在運作，而不是某人的所作所為；這一切都是因為能知之力。

問：請馬哈拉吉大發慈悲，把我推進那個能知之力遍在的境界？

尼：是的，當然可以，我可以這麼做，但是你必須聽我的話。不論我說你是什麼，你都必須徹底相信，並將此融入到你的言行之中。

在本質上，我是無相的，然而我卻顯化出來了，但我其實沒有顯化出來。你能那樣活著嗎——作為無相？

只要有屬性的存在，那麼屬性的特質，那個「我在」，就存在；因此，我才可以這樣說話。如果屬性消失了會怎樣？「我」的感覺來來去去，僅此而已，我不會死。拋棄了這種認同的人會明白的。

問：馬哈拉吉是說這種人不會死嗎？

尼：沒有出生的人，怎麼會死呢？

大家剛開始聽說這個病情時，那些關心我的人來找我說話、寫信給我，提了各種建議，拿藥來。該發生的就會發生，我不感興趣。我沒有恐懼，所以什麼事情都不用做。那些關心我的人寫信來或者過來跟我商量，這很正常；我不聽他們的話，這也很正常，因為我沒什麼好怕的。

你問：「我是誰？」你是得不到答案的，因為得到答案的那個人，是虛假的。你可能有想法、概念，認為你已經找到自己了，但那只是一個概念，你永遠見不到你的真我。

問：什麼是「存在—能知—極喜」[48]？

尼：這只是名詞。你可以把「存在—能知—極喜」當成是頭腦對那個不可描述的狀態所能描述出來的極致。你的真實狀態是無相的；表象產生了，語言隨之而來。體驗到「存在—能知—極喜」的那個，比體驗更早就存在了。

好奇心

一九八〇年十二月十五日

尼薩迦達塔：如果你能明白我說什麼，那就想想看你達到了什麼層次，如果你真的明白了，那根本沒有什麼層次可言了，你的層次無法衡量。你完成了所有的功課，現在你的實修或靈修正在結果——現在，你到了這裡。讓果實在你內在成長。你離開這個地方以後，不必再去找誰；那部分功課，你已經完成了。你今天來到了這裡，是因為你配得上那證悟的狀態。

去了解那個超越語言的「我在」，早上醒來，「我在」就出現了。認知真我，安住真我明覺[49]中，不要只是停留在一種智性的認知上。你一定要成為那個，你不應該偏離，要堅定不移。

無須向別人打聽我給了什麼建議。只要遵循我對你說的話就好。那種想要探聽別人得到了什麼建議的好奇心，要扼殺掉；每一位求道者都會得到合適的建議。除非你安住於自己的真實本性，否則你不可能探測出他人本性的深淺。而當你去理解別人時，真我自耀自明的本性會完全袒露出來。在這個過程中，你會了解你自己。這裡所闡述的真知，你在書本上都找不到。現在，跟你講了這麼多，你明天可能來見我，也可能不會來，這都無關緊要，但我對你所說的，關於真我的那些話，不要忘記。

一九八〇年十二月十八日

慘敗

問：這個「能知」就像一個螢幕，而我就是螢幕。

尼薩迦達塔：要拋開概念去理解我說的話。你這是在加入新的概念。現在清空概念。有許多靈性求道者，他們的目標是獲得足夠多的功德，以便去到某一特定的地方，比如天堂或毗昆塔[50]。而我除了要一探究竟，沒有其他目標。對於我的「覺」，我無有覺察，但突然間意識到我覺察到了那個「覺」。這種「能知」是從哪裡來，又是如何升起的呢？這是我要參問的，要回到那個現象還未展現出來的狀態。那就是對於本來真我的直接認知。所以，我回頭去追尋這個本來的真我，然後我到達了某個階段，想知道在這個「能知」升起之前我的狀態是什麼。這就是我所到達的目的地。梵、大自在、上帝，這些名字都是當「能知」意識到它自己的時候，用來稱呼它的。如果你正確地理解了這一真知，在所謂的「死亡」之時，你會是什麼立場？你會注視著死亡的發生。「能知」逐漸失去了一切，最終不再意識到它自己。這種狀態是無法描述的。它被稱為超梵、至高無上的究竟實相，但這只是用以溝通的名詞而已。

我注意到人從醒來的那一刻到睡著為止，一直在忙這忙那，這是我參問的起點。是什麼迫使我們去做這些事情的？又是為什麼而繼續下去？然後我得出結論，整個白天在運作著的，是我的「存在」——即我知道存在。我的參問就是這樣開始的。

寓居身體裡的那個基礎，就是「能知」。在「能知」之中，一切的顯現產生了。現在，連「能知」也被超越了。隨著「能知」的出現，究竟實相知道它在，即「我在」。這就是體驗。現在，在這個時間維度中，還有其他的體驗。但體驗正在逐漸褪去，包括「我在」，這個最初的體驗。會消失的，只是「能知」，究竟實相永遠存在。

好一場慘敗！本來是完美圓滿的，卻陷入了這些體驗中，還想從中獲益。

問：這是自動產生的嗎？

尼：是的。不管在這個「知」的領域中發生了什麼樣的體驗，究竟之道就被捲入了其中，把某些體驗等同為自己。把體驗當作真理，就會愈陷愈深。

以下幾頁照片捕捉了馬哈拉吉在回答問題時顯露出來的各種情緒。尋道者從世界各國前來，這簡樸的房間也成為朝聖之地。摩里斯．佛里曼形容這位偉大的導師「熱心、溫柔、機智幽默、毫無畏懼、真實無比；他激勵著、引導著和支持著所有來到他身邊的人」。

Photograph © Jitendra Arya

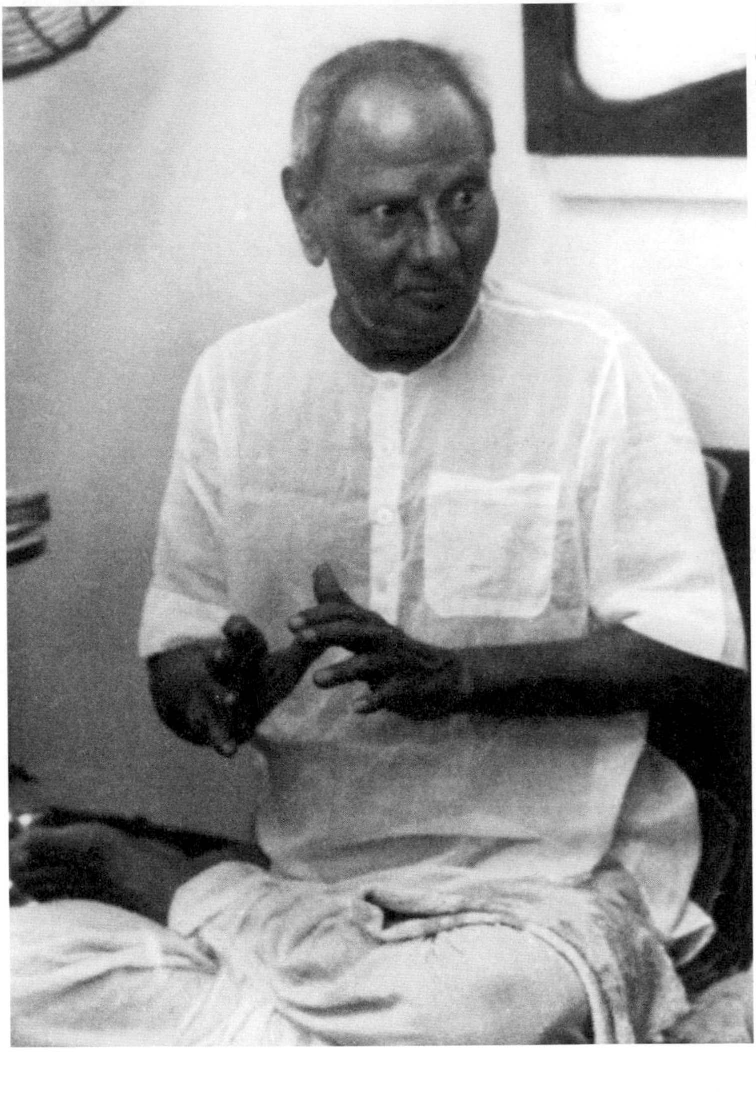

Photograph © Jitendra Arya

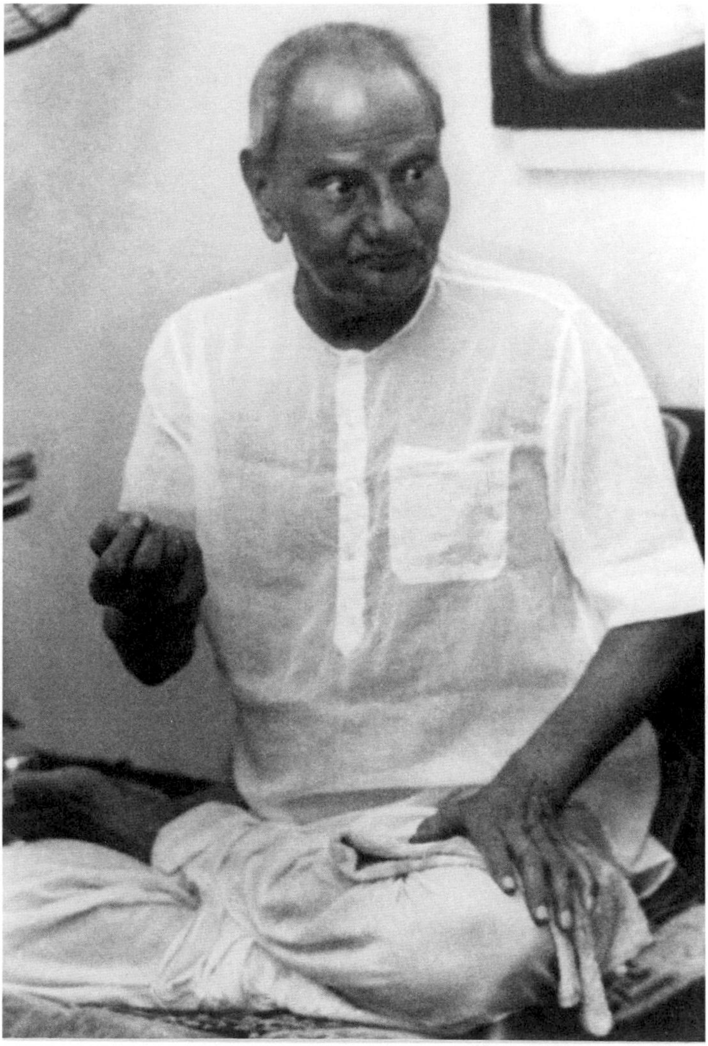

Photograph © Jitendra Arya

Photograph © Jitendra Arya

加持

一九八〇年十二月二十二日

尼薩迦達塔：剛才，在清醒狀態下，我躺著，但沒有感知或接收到語言，像是一種語言誕生之前的狀態。

現在，我身上最後一點個人或個體性的痕跡也消失了。去年我和人交談時還帶著某種眷戀，但現在已無跡可尋。我原先在這個粗重世界的安身之處消失了；現今我的居所位在更精微的層次，就像在虛空之中。

這些談話的效果是，你將穩定在發出語言的那個源頭之中。安住在充滿活力、昭昭靈靈的能知之力中——這就是在奉行上師的開示。我傳授給你的咒語的意思是，你是昭昭靈靈、活活潑潑的「道」，而不是身體。當你在那個安住，你就成為了那個。

大家以為他們是出於自己的意願來到這裡的，但正是能知之力把他們帶到了這裡，因為能知之力想要獲得這一真知。

我的話是說給能知之力聽的：「你認同了身體，但你不是身體。」正是明覺必須了解它自己的本質，然後與其源頭的明覺相融合[51]。

大家來這裡祈求加持；他們不明白，「人不是身體，而是內在的能知之力」，這一真知便是加持。

色殼子

一九八〇年十二月二十五日

問：當我們忙著世俗工作時，有什麼是我們應該記住的呢？

尼薩迦達塔：因為「我在」這一基礎存在著，所以到處都有它的活動。為了認出它，你穿上各種殼子以便給它一個身分，但是這個基礎已經存在了，正是因為這一基礎，才能讓你從事各種活動。除非穿上了色殼子[52]（有一副身體），否則你將無法行動。

這一真知是說給「神」[53]之道聽的，目前它受困於身心這個幻相中。你認同這副殼子了，而這種認同成為了你的自我。

「神」是顯化的基礎，因為「神」，一切活動才得以進行。它是無形的——各種形體是因為五大元素的遊戲而展現的。現在，這一基礎完全迷失在了殼子裡，而且只能靠殼子來被認出。你害怕死亡，因為你害怕失去你的身分，那個身分就是身體。

既然你現在有殼子可用，那麼儘管用吧，但要明白你不是這個殼子。

問：當殼子變成累贅時，該怎麼做？

尼：退回到你的真我中，與真我合而為一。

這個「純淨我在」享受著各種不同的體驗，它變成了乞丐，也變成了國王。

這個身體是永恆的嗎？在你的一生中，身體一直在變化，你是哪一個？

問：我認同我的身體，我知道。

男：誰？

問：我。

尼：「我」這個詞指的是什麼，拍張照片來給我看看——你拍不出來。這一基礎沒有名稱、形體或形狀。我非常確定的是，藉由殼子所做的事情，都是會壞的，最終不會保留下來。哪個殼子能夠永存？一旦你知道你不是那殼子的樣子或名字，一切就都結束了。假設你囤積了幾千盧比的鈔票，突然間，政府頒布了法令，這些錢全都變成了廢紙。

一旦你脫掉了這個「純淨我在」的殼子，剩下來的就是超梵。「那個」——永恆的當下，就是超梵。

問：馬哈拉吉會幫我脫掉我的殼子嗎？

尼：有什麼必要？它不是永恆的，從來都不是。

問：我們尚未脫掉我們的殼子，這就是問題所在。

尼：現在告訴我，當「知」不存在的時候，你有什麼體驗？「純淨我在」，就這麼輕輕點了一下，你就感受到了自己和世界的存在。

問：如何放下這種「知」呢？

尼：有什麼必要？如果接受了這個殼子作為你自己，那麼才會有拋棄與否的問題。放棄你對身體的認同吧，試著了解你自己。

它只是一種「知」，而你是無法感知到超梵那種狀態的。你來這裡是因為你無知，而不是因為你通達真知。我所教授的這個真知，只是為了消除無知。

「我在」

一九八〇年十二月二十六日

尼薩迦達塔：身體是由什麼產生的？

問：它是能知之力的一種展現。

尼：這個身體難道不是由五大元素組成的嗎？你知道你存在；這種知道，難道不是靠著五大元素才有的嗎？沒有了身體，能知之力就不可能被注意到——得靠身體才行。

問：您的意思是，沒有身體，我就不知道我存在？

尼：沒錯。從你的親身體驗來講，而不是你聽到或讀到的——沒有身體，你能知道你存在嗎？

問：沒有這個身體，我也存在。

尼：忘了這些你讀來的東西。當你體驗不到身體時，你體驗得到存在嗎？

問：我的英語不是很好，我說不清楚，但我知道「我在」。

尼：在你出生之前，你能感覺、體會或了知到你的存在嗎？智者是自由的，因為他明白身體是由五大元素構成的，並依照這些元素的性質發揮出作用。我看得到那個身體，但那個身體在做什麼，我不關心。身體裡沒有什麼是我所認同的。五大元素蘊集形成了實體感、存在感。這一切就這麼自然產生了，我沒有參與其中。感覺到「我存在」（I am present），這需要擁有一副身體；我既不是身體，也不是那種有知覺的存在。

在這個身體裡的，是一種精微的基礎——「我在」；這一基礎見證了這一切。你不是語言。語言是虛空發出的，不是你的。更進一步來說，你不是那個「我在」。

問：那麼，「我」是什麼？

尼：誰在問？

問：什麼都不存在嗎？沒有「我」嗎？

你：誰在問這個？

問：有某種感受，但我不知道是什麼。

尼：如果你感覺到「某種感受」，那「某種感受」會是真實的嗎？當這種「能知」被遺忘後，誰能說出那種狀態是什麼呢？

問：我不知道。

尼：因為你的「純淨我在」不存在，你就無法知道你自己。當你開始知道你在，你就開始胡作非為，但是當「我在」不存在時，就沒有胡作非為的問題了。

問：只要我的身體存在，「我在」就一直存在嗎？

尼：「我在」只有在三摩地中才會消失，也就是當小我融入真我時。否則，它會一直在。在一個證悟者的境界中，「我在」是存在的，他只是不把它當回事。智者不受概念的指揮。

問：馬哈拉吉，當我認爲我應該和您在一起的時候，我們之間存在著（師徒）關係嗎？

尼：這種想法就說明有關係了。

問：我強烈地渴望來到這裡，我禁不住想知道馬哈拉吉是否會關心他的弟子？

尼：我對他們的關心，比你知道的還要多。

「我愛」

一九八〇年十二月三十日

問：我認爲在整個顯化中應該存在著「美」。

尼薩迦達塔：你不應該陷入展現出來的事物中。拿一棵樹來說——樹皮、樹葉、花朵、果實，各有不同的本質。如果你糾纏在這些外象中，你就會忽視了那棵樹才是源頭。

在智性上，你理解了，但是你必須與你所理解的合為一體，與之產生共鳴。要知道，這個身體的種子是父親的精子與母親的卵子的結合。這是現象得以顯化的種子，但我不是種子，我不是現象，我也不是受時間限制的能知之力。

你所看到的種種名字和形體，都只是「能知」而已。你的「能知」是非常純淨的，這就是你有分辨能力的原因。阿特曼[54]是無色的，但它能夠辨別顏色等等。

你的修行結束了；你已經到了這裡。

這份真知是給予那些無欲之人的。關於真我的真知，是最寶貴的真知。

你們這些尋找真我的人，我會講解這種真知。我把你們帶到一個沒有饑渴、沒有欲望的狀態，因此我不願意邀請那些掛念著自己的財產和人際關係的人來聽我的講話。

當你有了明覺時，只要能知之力還在，你就會看到作為「我」的能知之力是無所不在的；但能知之力的見證者[55]沒有這個「我在」，那才是你真正的、永恆的本性。

「我愛」[56]帶給人很多樂趣，同時，也沒有什麼比「我愛」更悲慘的了。

放棄身體對我來說是一個盛大的慶典。

人類所有的行為，有什麼價值？這一切都是自娛，只為消磨時光。

只有當你忘記自己，你才會快樂。在沉睡中，你忘記自己，這本身就是快樂。

被靈修所吸引的，是真我，不是個體。

以後我不會再詳細講解真知了，寥寥幾句，便已足夠。

真知的種子

一九八一年一月三日

尼薩迦達塔：「本然存在」有種特性，它能變成你所想的東西。無論你向「能知」灌輸什麼概念，「能知」都會將其提供給你。無論你緊緊抓住什麼，你必然最終會變成那個，這就是「能知」的特性。你永遠都不應該認為你就是身體。

「能知」不是身體。因為有了身體，「本然存在」被感知到了，但「本然存在」是無所不在的。

只有「能知」才能感受到「能知」的廣闊，但我是究竟實相，不是「能知」。

任何所知道的，都是被「能知」所知道，都處於「能知」的領域之中。當「食物之身」[57]死亡時，能知之力和明覺就會消失。而究竟實相則一直留存。

聆聽這些談話，真知的種子已植入你心；現在你必須繼續下去。你必須加以滋養、反覆思量，這樣真知之樹才會成長。

無生無死

一九八一年一月四日

問：今天早上我在思考馬哈拉吉所說的，所有能知之力都是一樣的，有短短幾秒鐘，就好像一切都是一體的，而我在其背後——這就是要達到的目標嗎？

尼薩迦達塔：那不是目標，本來就如此。一向如此，只是因為認同身體，才會讓人覺得不是那樣的。

要明白，只有一件事情需要領悟，那就是：你是無形、永恆、無生。正是因為你認同身體，視其為一個實體，你的「能知」，即「遍在能知」，才會認為它是會死的。沒有人會死，因為沒有人出生過。

無數形形色色的身體，都是能知之力的顯現。這億萬個身體被創造、被毀滅，但「遍在能知」本身無生亦無死。試想一下，如果過去創造出來的億萬個身體全部都還存在的話——還怎麼會有其他的身體被創造出來呢？正是因為能知之力無生亦無死，億萬個身體才能有生又有滅；這個過程持續不斷。要明白，你的真面目是這個無限的「遍在能知」。只有當能知之力展現自身之時，才會有限制、有生滅。但能知之力的全部潛力仍然存在，沒有止境。

你認同身體，認同頭腦所抓取的東西，你站在這樣的立場上尋找真知。當身體有了身體這部機器，就會有操作的技巧，這就是你現在所認同的，但身體不是你的真實身分。你無法控制身體，它出現了，也將消失。

我是站在「遍在能知」的角度和你們說話的。我知道所有的身體都依賴食物的精華維生，而身體終將化為塵土。

解脫

一九八一年一月七日

問：現在每當事情發生，我不會捲入其中，而是把一切都視爲「純淨我在」。我現在的體驗就是這樣。

尼薩迦達塔：只是見證著，沒有什麼需要完成的。對於一個不認同身體的人來說，這就是完全的自由。

問：一切都是自行發生的，我毫不關心。

尼：如果是這樣的話，那就意味著你了解了一切，沒有必要繼續待在這裡了。

另一位問：對我來說不一樣。我禪修的時候，必須要很勉強才能不被念頭帶著跑。

尼：「命氣之力」的本質就是藉由心念和語言來表達自己，所以心念和語言會不斷湧現。如果你一開始必須要勉強才能不涉入其中，那麼就繼續努力吧，直到毫不費力為止。

問：智者也會起心動念嗎？

尼：雖然念頭來來去去，但智者並不在意。念頭會在「能知」中出現，見證也發生在「能知」中。你必須確信，你就是能知之力，此後就沒有你的事了；讓能知之力自行運作吧。不管發生什麼，都是自然發生的。

問：「能知」位居何處？

尼：在體液的每一個微粒中。在經典中，通常會提到各個脈輪。如果你想這樣定位在脈輪上的話，是可以的，但據我所知，「能知」遍布全身。

問：身體和「能知」有什麼區別？

尼：糖和甜味有什麼區別？甘蔗汁中就有甜味。在身體裡，甜味就是「明覺—我在」，也就是「能知」。這種「知」是因什麼而起？「能知」的前提是什麼？

問：是因爲身體嗎？

尼：身體是維持「能知」所必需的；而食物是維持身體的存在所必需的，不是嗎？

問：是的。

尼：如果身體不存在，「能知」就不會存在。在沒有身體和「能知」的情況下，你是什麼？

問：我不知道。

尼：現在你希望有收穫、得到好處。那個好處，是對誰而言的？

問：「能知」。

尼：如果你不是身體，不是「能知」，那你是什麼？當你了悟到真我智慧的時候，那麼小我就被解放了，解脫了。

問：然後呢？

尼：然後你確切知道自己是誰，也明白了自己是為什麼而明白的[58]。

問：這就是解脫？

尼：解脫意味著什麼？意味著除此外沒有別的了。（開開關關著他的打火機）這個打火機就是身體，「能知」則是火焰。現在火焰沒了，解脫了。在沒有「能知」的情況下[59]，哪裡還有必要去貼標籤呢？

體驗

一九八一年一月八日

尼薩迦達塔：你可以表面上模仿一位智者，但智者無有恐懼。

問：他是究竟實相嗎？

尼：究竟實相的狀態是這樣一個狀態：這個身體、名字、形態完全終結了。當沒有身體、形狀、顏色或名字的時候，是誰在那裡提問呢？無論發生了什麼事情，你都會立足於你對身體的認同來看待，而身體是受時間限制的。

問：我曾體驗到，實相不是存在。

尼：你從那次的體驗中領悟到了什麼？那次體驗的意義是什麼？

問：那個體驗不屬於任何人。

尼：所有體驗都發生在有變化的地方。如果沒有變化，就不會有體驗。

問：那不是一個體驗，而是一種「存在—非存在」的狀態。

尼：你說存在、說不存在，這是文字上的，還是體驗到的？我不會玩文字遊戲。你所描述的，是一種體驗，還是僅僅是文字？

你很可能是受到你所讀到和聽到的東西的影響，因此，你說出來的，只是你聽到的東西。是這樣的嗎？還是說，你提到的是你的實際體驗？

問：我前面說過，這不是任何人的體驗。

尼：我先認為我是身體，然後體驗到我不是身體，但我是「能知」；接著，我體驗到，這個「能知」也不是真正的我，形態、個體並不存在，什麼都沒有。這是你的體驗嗎？

問：這個體驗是這樣的：沒有身體，什麼都沒有；我在，我又不在。

尼：什麼東西不在了呢？

問：身體的知覺。現在不再有中心，念頭不再來自那個作爲中心的身體。

尼：如果念頭不是來自於你作為中心的個體身體，那麼念頭從何而來？你現在認同那些念頭嗎？你認為念頭所指的涵義和你是一體、一樣的嗎？

問：不。

尼：到底發生了什麼？發生了什麼變化？

問：變化就是：「能知」中原本存在的中心不見了，「我在」這一中心消失了。

尼：跟我說說那個中心。

問：起初身體裡有一個自我認同的中心，現在我感覺不到了。現在，沒有邊界，現在，沒有特定的實體。

尼：「我在」意味著明覺，你所是的那個明覺。

問：那個現在是無限的。

尼：「明覺—我在」毫無限制嗎？

問：沒錯。謝謝。現在我得走了。

尼：當他說「我在做這個」或「我在做那個」時，他的意思是，我就是「明覺—我在」，也就是「能知」。因為除非有「能知」存在，否則身體是不存在的。在深度睡眠中，我們不知道有身體，只有當我們醒著，有「能知」的時候，我們才意識到身體。因此，當我這麼說的時候，我的意思是，我就是這個「能知」，而不是身體。身體是後來才有的。

這個病是「能知」的一個面向，而我不是「能知」。我不是「純淨我在」。

無論是什麼疾病，都只存在於「能知」的領域。在「能知」的幫助下，疾病正在被體驗著。當我徹底處於我的究竟狀態時，當這個「能知」最終熄滅時，「那個」才是我完全、完美的狀態。

什麼時候我才能體驗不到這個病？就像太陽落山一樣，只有當這種「能知」西沉時，才會有完美的健康，不再得病。只要「能知」還在，病痛就一定會被體驗到。快樂和愉悅是什麼？只是「明覺—我在」，也就是「能知」而已。

你認為明覺是某種你能掌握住的東西，某種感覺得到、能放進口袋的東西。明覺不是那樣的。當我得知我就是明覺本身時，我還會希望得到什麼呢？

念頭

一九八一年一月九日

問：什麼是念頭？

尼薩迦達塔：它是頭腦受到制約的結果。

問：智者和無明之人的念頭有區別嗎？

尼：區別之處在於，智者脫離了身心，身心的念頭來來去去，但智者並不以為意；而無明之人會陷入這些念頭，無明之人認為自己是一個名字和一個形體。

問：我是否應該時常記著我是能知之力？

尼：你是能知之力，能知之力就是你，就是這樣——沒有必要把注意力一直放在這個事實上。你知道這是你的手指，還有必要不斷重複這是你的手指嗎？有必要嗎？

問：當必須採取行動或決斷時，該如何抉擇呢？

尼：要明白，這不是你個人的行為或選擇。不要當自己是「作為者」（doer）去參與。你為什麼要插手到所有這些概念中去呢？首先弄明白，你認為自己是什麼，你是一個獨立存在的實體嗎？先解決這個問題，不要陷入到各種概念中。

你是什麼？這無法靠聰明才智去了解，這超出了心智所及的範圍。

未曾分離

一九八一年一月十一日

問：我靈修所得的體驗，是不應該存在的東西嗎？它是什麼？

尼：它完全只是娛樂。你現在在這裡，你的身體難道不是父母歡娛的結果嗎？你只要知道體驗僅僅是「能知」中的展現，就可以了。

領悟與時間無關，如果你真的理解真理，領悟起來會很快、很簡單。

能知能覺，需要身體，而身體無非只是精子和卵子的產物，所以這個「你」在哪裡？這身體就像一臺宣稱著「我在」的設備，像播報器一樣。目前你認為你是身心，你所收集的一切觀念就從中流出。當你步上靈修之路，你會藉由「我不是那個」來棄捨身心。然後回歸到只有「我在」，超越語言。接著，你是一切，你不再局限於身體。

因為有身體這臺「設備」，就會有「能知」的感覺。而我是究竟實相，不是

「能知」。

先穩定於「能知」中，下一步是旁觀「能知」，觀察所有發生在能知之力中的戲劇，只是去明瞭。對身體和「能知」的執著非常強烈，要擺脫非常困難。

身體在「生之基礎」[60]這一化學要素上成形，這個「生之基礎」本身無形無色，而且實際上並不存在。不存在之物突然存在了，其存在能有什麼實質可言呢？它只是一個幻影，不可能是真相。所以我敢這麼說，這是一場大騙局、一個大詭計，憑空造作而來。你能無中生有嗎？

我所說的，都會牢牢扎根在你的「生之基礎」中，你是沒法拔除的，待時機成熟，它將迅速發展為真知。

我不想要生命，片刻都不想要，但縱然生命轉瞬即逝，卻存在著許多出生與死亡。

我不害怕死亡：不完美因為死亡而消除；而能知之力，這不完美的烙印也會離去；剩下的是完全的圓滿。

沒法保證我明天還能見到你。但真相是，你我之間並未分離，因為我們是一體的。不要妄想有所分離。

本色

一九八一年一月十二日

尼薩迦達塔（指著他的打火機）：只要有燃料，火焰就會燃燒。對火焰來說，有解脫或覺醒與否的問題嗎？對於因五大元素而產生的身體和「能知」，有解脫可言嗎？五大元素出現之前的「那個」（The One），總是在那裡。

你現在是在運用自己的頭腦和心智，但我所說的不是基於心智，而是從能知之力中自動流出的東西。你試圖把從能知之力中自動湧現的知識，硬塞到頭腦和心智建立起來的概念框架中。這是行不通的。

問：爲什麼待在馬哈拉吉面前，我感到如此滿足？

尼：因為能知之力產生的需求引導你來到這裡，而那個需求獲得了滿足。

有些人來這裡是為了獲取真知，而我開口是因為話語自然流出，談話背後並沒有讓你獲得真知的意圖。其他人來這裡是因為遇到了困境，這些困難是否應該消失，也非取決於我，但其實在許多情況下，這些困境確實消失了。我只是坐在這裡，人來來去去，我毫不在意。他們遠道而來，因為能知之力覺得有必要來這裡。一個獨立個體來到這裡，不是因為心智決定要來，是能知之力揪著他的耳朵把他帶來這裡。我的隔壁鄰居不會來，但是世界各地的人卻出於緊迫感來到這裡。為什麼？

問：我第一次來這裡時，馬哈拉吉告訴我，我的「我在」是食物的產物，而且上主黑天的能知之力和一頭驢的能知之力是一樣的。那天我試著訂離開孟買的車票，但一個星期都沒訂到，只好留了下來。

尼：很多有才華的名人都來謙虛求教。只是他們當中又有誰了解自己呢？

問：我在持誦名號咒，這樣修持可以嗎？

尼：持誦聖名，這是可以的，但重要的是去認清、去了解那個首要的法則是什麼：因為它，你知道你在；因為它，你知覺萬事萬物。你必須審視自己，了解自己。靈性之謎無法運用你的心智得到解答，你的智力頂多能為你解決生計問題。

無論你想成為什麼，那都不是你。在語言尚未生成時，在你說出「我在」之前，那個才是你。你必須只關注自己，不要去管別人。你是什麼？

究竟之境

一九八一年一月十四日

尼薩迦達塔：究竟的境界是什麼都不存在的狀態，無論是我、你，還是顯化，都不存在。

問：馬哈拉吉能描述一下終極狀態嗎？

尼：我能把自己的睡眠剖開，把睡眠打造成某個樣子嗎？斷開你和身體之間的聯繫，再跟我說是怎麼一回事。你能描述一下嗎？

我的談話並不是針對一般人講的。一般人的理解範圍不超出自己的身體。認同身體的那個，就是「能知」，它誤認自己就是身體，還表現得煞有其事，好像它那無限的潛力被身體這單一現象給限制住了一樣。因此，由於有了這種認同，「能知」所採取的行為都會受到身體的局限。

領悟了生命究竟意義的人，不再與身體相連，發生了轉變。「能知」是遍在的，就像晝夜常在[61]。對於這個「基礎」，你無法賦予一個名號或稱謂。是誰知道晝夜不曾在，「能知」不曾有？白天與黑夜、記憶與遺忘、醒位與沉睡位，它們是一體、是同一件事？還是各自獨立、互不相干？

「能知」的力量相當驚人。我起初不知道我在，然後突然之間我知道了「我在」，而這個「我在」就是幻相的力量。

問：渴望自由有錯嗎？

尼：什麼也沒有發生——沒有人被束縛，因此不存在解脫與否的問題。只有當人認為自己是個體時，才會想到束縛與解脫。

無論你在這個世界上收集了什麼概念，都是完全無用的。要明白，整個顯現就是一個不孕婦女生下的孩子[62]，但明白了這一點後，還是要全心全意對待自己的工作，並盡可能有效率地完成。好好地照顧你在世間所做的工作，因為它是個孤兒！

靈修這回事

一九八一年一月十七日

問：在能知之力中，有作爲者，也有見證嗎？

尼薩迦達塔：一切都不脫能知之力的領域。

問：世界上所有的行爲都是藉由能知之力來完成的嗎？五大元素的運動也包括在内嗎？

尼：五大元素歸結起來，就是能知之力。

問：用能知之力來讚美這種能知之力，多麼美妙啊，不是嗎？

尼：啊，是啊。不管你是什麼，只有你自己才知道。在身體之中，並沒有人，有的只是明覺而已。出於實用的目的，才會使用各種名稱。

問：爲什麼在身體裡，這種能知之力會説「我」、「你」呢？

尼：能知之力是一個整體，但展現出來的樣貌森羅萬象，所以為了實用的目的，會說「我」、「你」，諸如此類。

問：我的「能知」是因這個身體而起，由這個身體維持著，與其他身體無涉。

尼：所有的身體都存在於你的「能知」之中。

問：馬哈拉吉是說，我不在身體裡，而是身體在我之內。

尼：假如你是作家，長篇巨著都在你的筆端。你會在什麼時候，意識到自己存在？

問：當身體和能知出現時。

尼：我靈修至今已是一無所有，甚至連「一無所有」這個詞也沒了，所以也沒有什麼靈修可言了。

假如我不喜歡我的身體，甚或不喜歡命氣，我能做什麼呢？——身體存在，命氣存在，「我在」也因而存在，三者自行運作，我有什麼好擔心的呢？要演，就任他們演吧。只要那個「知」、那個「我在」還存在，就會對其他的東西感興趣。「知」是「食物—身體」[63]的產物；當這個身體被耗盡時，那個「我在」又在哪裡呢？

沒有靈修這回事；不管五大元素在玩什麼遊戲，都只是這個世俗生活的一部分。你並不比植物高級，就像野草在生長一樣，人類也在生長。有人能接受這個說法嗎？「出生」是一個物質層面的現象。如果你只是你自己，那種狀態就不會被感覺到；但是如果有了一個外在因素，那麼痛苦就開始了。你，是源頭，這個外在因素強加在你之上，所以才會有痛苦。

你們不會去參問你是什麼。因為你們是知識分子，所以會用智力做出美味佳餚，然後不停地享用這些美味。即使在靈修上，你也運用了你的智力，你用你的概念製作出那麼多美味佳餚，然後吃得津津有味。

從我所說的話中得到一點啟發吧。你所體驗到的整個世界，是某人歡愉後的結果；現在它成為了痛苦之源。

問：能夠一直處於靜默無言的狀態嗎？

尼：沒有語言你能活下去嗎？語言不可或缺。

問：我們是自己概念的囚徒。

尼：快去探究那個「生之基礎」吧。你在；因為你在，父母才存在。這是同步發生的。因為他們的行為，所以你在，而且（與此同時）你有了父母。沒有身體的話，他們是什麼？試著去了解，沒有身體他們能是什麼。忽略那個造成你存在的行為，然後試著去認識父母是什麼。這兩者的存在，導致了第三者的存在，即「我在」。現在，你能清空掉你對「父母」的概念嗎？

頓悟

一九八一年一月二十日

尼薩迦達塔：以前，我真知充盈，我會邀請人來聽講，但現在那個階段過去了。如今，我不再鼓勵人，不把人久留。我給他們一些真知，然後就請他們離開。

所謂的「出生」是如此微不足道，但在那個幌子之下，一切都發生了，這是最不可思議的。不僅是那個「我在」，整個顯化的世界都出現了。真的是這樣嗎？其實我並不存在，但因為那個「出生」的事件，我覺得我存在。

當你獲得這一真知時，你就會意識到，關於這個世界和能知之力的知識，比唾沫還不值錢。你可以吐出來，但一分錢都不值。我雙手合十，拜託你不要去做所謂的靈修。無論你現在擁有什麼知識和觀點，只有那最後的火花才管用。萬事俱備，原料準備就緒，生死的概念也移除了。

事物的真實狀態既公開又清晰，但是沒有人願意去關注。

英語翻譯插話：他更愛單純敬拜神。人只要虔誠，就算不大聰明，也不會任由心智搬弄是非，不像現在這樣，心智在此興風作浪。

尼：來到這裡，就要把心智徹底毀滅掉。

我被五大元素的幽靈所創造、所把持，但是在超梵中穩定下來之後，我了解這幽靈是什麼，也不再受困其中。

現在，來看看我是如何被這些五大元素擺布的。我吸菸成癮，儘管醫生勸我不要抽，但我仍然停不下來，因為我被這些元素的精華控制住了。

虛空意味著世界，世界就在這虛空之中。虛空就像個孕育中的世界。世界尚未存在，但組成世界的物質已經在了。從虛空中，我開始感覺到「我在」。有風就有流動，有火就有熱，有水就有種子等等，也因為水，就有了味道。

但是，因為自性上師（超梵），你擺脫了這些元素的控制。自性上師意味全然愛著「不知」的那個[64]。與這位自性上師密切相連，對你來說就意味著明悟。

我根本不想開口，只想保持沉默。我目前的談話，如果有人真的聽進去了，就不再需要守戒或實修。談話當下，就該頓悟了。

問：有個時代，有許多聖者證悟。爲什麼那個時代會突然出那麼多聖人呢？

尼：在那個時代，人十分虔敬，觀想的對境會完全顯形在禪修者面前。因為那份虔誠，整個時代洋溢著虔敬的氛圍，而現今空氣中只是充塞了智性。人不會盲目地接受一切，因為他們的心智已經變得更加精微，就像虛空一樣。他們會去挑選、抉擇，分析一切。

幻相

一九八一年一月二十四日

尼薩迦達塔：聽我講話可以，但是不要期望從中有所收穫；因為要想受益，就必須有一個實體，但實體並不存在。

自從我得了這個病以後，我看待事物的方式改變了。之前，我還有輕微的個人感，覺得這個「遍在能知」正在透過一個特定的身體行動。現在，哪怕是身體或運作感都絲毫不存了，僅剩對整體如是而運作的認知，但即便這種認知也會隨著肉體死亡而消逝。在那副身體裡有「能知」，身體和「能知」都是實體。上述種種，沒有一個實體將事物視作各自獨立的存在，取而代之的是藉由無數各式型態運作的整體。我把這個病當成整體的能知之力。

問：失去能知之力，還剩下什麼呢？

尼：任何能感知的，都不在了。現在的談話是靈性領悟的頂峰，或者說是終結。愈是觀察到身體上的疼痛，就愈能意識到一切都是虛幻。

問：馬哈拉吉已經到達了目的地，而我們還沒有。

尼：曾經有一幢房子，裡面住了一個人；現在這個人走了，房子也拆了。總之，無論你有什麼體驗，無論是一天還是幾年，全都是幻相。體驗是伴隨著「知」出現的。

你最根深蒂固的習性是什麼？就是認為「我在」。這是最根本的習性。語言和體驗對你沒有幫助。等你了悟到五大元素的所有範疇都是幻相，在五大元素中的體驗都不是真的，這種體驗的習性才會消失。「我在」本是虛妄。

你就是幸福

一九八一年一月二十九日

尼薩迦達塔：你必須放棄身體認同。要安住在「明覺—我在」中而不去認同身心，這種安住正是靈性之光。真我之愛（Self-love）與無言的「我在」是同一回事。病痛來來去去，但真我之愛卻揮之不去。

問：尚未能了悟眞我。

尼：誰在這麼說？沒有了「知」，誰還能說什麼呢？

問：一定要有「知」存在，這樣才能去理解一些事。

尼：你來到這裡，以為自己很懂、很有智慧，那你覺得領悟是什麼？你資格很老了，全世界都跑遍了。

問：我知道自己懂得還不徹底。

尼：為什麼要說謊？

問：書中提到了幸福和圓滿，那才是領悟該有的成果。

尼：你是得不到幸福圓滿的，因為你就是幸福圓滿。你會跑出去找自己本來的面目嗎？

問：不會，所以我來到了這裡。

尼：在你知道你存在之前，你是有覺知的還是無覺知的？在沒有「能知」的情況下，誰能說「我在」呢？（長時間的沉默）你們都靜下來了。

問：「能知」中的每一個念頭、每一種感覺，無時無刻都在變化。我不是那個變動的，我是不變的「能知」，是它使念頭得以流淌……我是這麼理解的，對嗎？

尼：你好容易被騙啊！

問：我想做到的是，終止認同心念和感受，不被左右，在通向最高「能知」的路上，它們只是路標。

尼：那你為什麼要說話？心念和感受這些路標，正是你的真我，就是能知之力，所以能知之力和你的真我是同一個。

問：我想擺脫痛苦。

尼：頭腦在迷惑你，欺騙你。

問：所以我本身就是痛苦，我還應該爲是痛苦本身而感到高興？

尼：把你的注意力集中在「你是幸福本身」上，然後痛苦就會減輕。你自認為明白了，還為此沾沾自喜，你來到這裡就是為了印證這件事。

問：重複「我是幸福本身」無法減輕我的痛苦。馬哈拉吉站在他的層次來談，但我道行不夠，無法消除痛苦。

尼：那是因為你把身體當作了自己。

問：沒錯。所以我才用了一個訣竅來逃開[65]。

尼：非常好。在後期，這種「能知」本身就是痛苦。直到你認識到並完全認同「明覺—我在」之前，你都會認同身體。那個「明覺—我在」，你還不了解。這裡的人不以自己的領悟而驕傲；唯獨你，說自己都懂了，還一派洋洋得意。告訴我，你還會來這裡幾天？

問：到七號為止。

尼：你已經有解答了，為什麼還要再來呢？

問：那就是說，其他人尚未領悟，所以他們可以再來？

尼：管好你自己！別人可能比你更懂，為什麼要把他們拉低到你的程度？你把這些人的智慧拿來跟你比，還真是大大得罪別人了。管好自己，別操心他人。你還不完全了解自己，有什麼資格管別人？

問：有種紐帶把我們綁在一起。

尼：永遠不要說三道四。

蠍子

一九八一年一月三十日（早上）

尼薩迦達塔：就像人每天都去上班，圖的是一份工資，你們一直來，圖的是領悟。一旦有所領悟，就沒必要再待下去了。

要是沒有領悟，你就不想走；然而，只有迫切想明白的人，才該留下來。

（馬哈拉吉又趕走一些人。）

半吊子的求道者，我不希望他們再留下來。現在唯一應該留下來的，是懇切想深入靈修的人，那些認真求道之人。

如果你是認真求道的，那就應該把我的話當作真理來接受，要不你就走吧，因為我不想只是取悅你。那我要跟你說什麼呢？「你不是身體，你是能覺能知的存在」——接受這一點，然後忘掉。

我以後沒法一一回答你們每個人的問題了。我只會直截了當地告訴你：「這是假的。」「這是真的。」你要麼接受我的話，要麼離開。

問：我根器不夠，馬哈拉吉給予我的教導，我無法接受。

尼：如果你認為自己根器不夠，那就去別的地方吧。我不關心暫時的狀態。這種「能知」的狀態不是我選擇的，愈早消失愈好。一旦明白了什麼是一時的，什麼是真面目，就不需要再知道什麼了。

能知之力一旦攪動起來，空間和時間就隨之而生了。這是有時間限制的。在這個時空中，每個人都在受苦，那麼我為什麼要把這種痛苦當作是獨一無二的呢？我總是處於那種喜悅、圓滿、完整的狀態；突然間，我處於不圓滿的狀態。人若明白我所談論的真知，就不會受其他導師所宣揚的邏輯或靈修所吸引，成為犧牲品。無論哪個自認為充滿智慧的學者，我都敢說，當他出生的時候，我就在某個角落看著他出生。這你能接受嗎？

問：可以。究竟爲什麼會出現「能知」呢？

尼：在這個既存的「能知」中安住，它會解釋為什麼它無緣無故地出現。沒人能向你解釋，它為何而來，又如何生起。

不停地說話的，是那昭昭靈靈的能知之力，而不是我。語言是如何流出的？是因為你的努力嗎？

如果你把握了我談話的精髓，你將照亮整個世界。那些漫無目的到處跑來跑去的人，將一無所獲。你圖的到底是什麼？

民間聖者伊喀納特[66]留下了精彩詩句，他說：「我被蠍子螫了！」螫人的是什麼？是「能知」。這種「知」就是蠍子，用形形色色的體驗和概念，給人所有的痛苦。

我現在以一個智者的權威告訴你：一切都是虛妄。這全是一齣戲，因你的能知之力而起，而你的「能知」，則由食物精華之身而生。

問：我很感謝我的身體把我帶到這裡。

尼：你來這裡就是為了殺死自己。

如果沒有身體

一九八一年一月三十日（下午）

尼薩迦達塔：真正的求道者會一直思考——如果沒有身體，我是什麼？什麼是究竟實相？

究竟實相不能用語言來解釋。語言僅僅是路標。你就是那個究竟、不變。「能知」與「知」，無有差別、不二唯一。當你處於「能知」的狀態，一切都是一體的，萬法一如，不同的只是展現形式。

能被消耗殆盡的事物，都是虛幻的。時機一到，你的「知」就會耗盡、幻滅，因此它不可能是真實的；但是你不能就這麼忽視它，你必須充分了解它。

目前，你與這個世界的連結有如千絲萬縷，這是因為你與命氣相連[67]。假若命氣沒了，那時，你所有的世俗塵緣又何去何從？

闡述真知，不會白白耗費口舌，很多人會從中受益。總有一天他們也會開悟，然後輪到他們弘揚真知。

無論有沒有身體，智者所處的狀態都是一樣的。

你應該去冥想，不要把學過的東西忘掉。

當你不再認同身體，你不僅超越了身體，也超越了「能知」，因為「能知」是身體的產物。「能知」不再聲稱「我在、我在」。

震動

一九八一年一月三十一日

尼薩迦達塔：我只關心兩件事：你的自我認同是什麼？你認定真正的你是什麼？這些問題不是和誰都能談的。你們當中誰誠心誠意想知道，我才會跟他談。有些人很有智慧，卻還是沒能解開「我在」之謎。

問：在過去的十年中，科學家發現，如果不觀察原子的反應，這些反應就會保持原樣；如果去觀察，就會產生變化。「觀察」的行爲本身會引起觀察對象發生變化。

尼：觀察者也在變化。觀察對象會給觀察者帶來變化，而且，除非在觀察者身上發生了這種變化，否則觀察者是無法觀察到觀察對象的。所以說，人永遠無法探測到靈性的全貌。

當你把某物當作個體來認知時，你把自己放在哪裡了呢？「能知之力」是那個在認知的，是認知本身，並且，它也是認知的對象[68]。

你只是在隔靴搔癢。對你一點好處都沒有。你所聽到的話，必須像一支箭射穿你，擊中內心深處。內心必須有所震動，沒有反應的話，你聽到的東西就不會對你有幫助。正中紅心時，你就會知道。

穩定

一九八一年二月五日

問：很難放棄這種認同身體的習性。

尼薩迦達塔：你只要認清這個身體是什麼，事情就結束了。身體一開始非常微小。待體內出現了「能知」，微小的身體就長成了一個大的身體。

這種因種之身[69]非常微小，有必要去了解。你可以藉由禪修得知。因種之身的品質，會以「能知」和肉體的模樣呈現。世上物種眾多，有大有小，而在最初，各種生物又是多大呢？

在你第一次感覺到「知」的時候，「能知」不再靜止，就像轉動的車輪，不斷地運動。而車輪的中心，就是車軸，是不動的。如果你偏離車軸的中心愈遠，轉動的幅度就愈大，不是嗎？同理，「能知」的起點，就像輪子的軸心，那個點是穩定而不變的——對人來說，那就是最恆定的基礎。從我出生的那一天到死亡為止，那個「能知」的基礎就一直處於中心。隨著你進入世界，運動也加劇了。去看那個中心點，去觀察「能知」的運作。能知之力和生命之力[70]就是車輪靜止的中心點，觀照著「能知」的起伏變動。那個觀照著變動的觀者，近乎靜態。

要推動世界的運轉，產生變動，「能知」就必須加入。沒有「能知」，就沒有天地萬物的變動。

同樣的道理，你必須靠近中心，穩定在一個相對靜止的位置。一旦偏離了中心點，變動就占據了主導地位。

作為者消失

一九八一年二月七日

問：對於食物之身所產生的這個「我在」，我愈來愈清楚了。

尼薩迦達塔：你必定是那個基礎——在說出「我」這個字之前，它就在了。假設我被刺扎了一下——在出聲喊痛之前，那個就知道被扎了。在語言和感受之前，你就在了。

問：怎麼可能去知道和體會到那個究竟實相呢？

尼：這種「知」或「明白」都不脫「能知」的範疇。無論你說你知道和體會到了什麼，都只是「能知」。究竟實相是超越這個的。

問：在實修中，我們怎樣才能深入下去呢？

尼：只去關注「能知」，徹底地了解它。能做的只有這個。之後，一切都會自動發生，作為者也消失了。

要徹頭徹尾地了解「能知」，要認識到它是一無是處，是個騙局。等你超越它，你會說：「沒有這個也行。它並不圓滿！」所以，為了了解「能知」，去冥想吧。

問：我從來沒眞的冥想過。

尼：你還沒察覺到「我在」之感以前，你是怎麼運作的？我提出了問題，沒人能回答。你們這些大學者啊，各個博學廣聞，卻都一言不發。

問：我有解答了。

尼：你的問題一旦解決了，你也被解決掉了。我要求你去安住在「有知」（consciousness）與「無知」（no-consciousness）的邊界線上。

堅信真我

一九八一年二月八日

問：有時候我有一種無念的感覺，我覺得只有我存在。世界上只有一件事：我什麼都不需要做，我只是存在。

尼薩迦達塔：這種本然存在的狀態，人人都有，那就是離言的「我在」之感。

問：有可能保持穩定嗎？

尼：變化只在流動的心念中才存在。你現在的所有學習，都在心念之流中進行。因為你的出生，才有了現在的「我在」之感。因為「我在」，你接觸了許多想法和概念，變化無常，而當下的「我在」感，是不變的。

問：人如何才能處於無念的狀態呢？

尼：在你出生前，還沒感知到「我在」之前，你是什麼？

問：這是一個謎。

尼：它毫無隱瞞、清晰無比，但它仍然是一個謎。繼「我在」和身心出現之後，在頭腦的領域裡，發生了你們所謂的「求道」或「靈性知識」。這些都毫無意義。當時機到了，「我在」之感會銷聲匿跡。

問：您怎麼能這麼說？那輪迴轉世呢？

尼：沒有轉世。對智者而言，「我在」的消失叫做*Niruta*[71]，意思是從「我在」中解放出來。對受困於頭腦的普通人而言，「我在」感消失，就是「人已死，去轉世投胎了。」但那個無言無相的狀態，你是永遠沒法研究的；你現在學習的，都屬於頭腦的領域。

問：所以說，只有當心念轉變時，見證才會發生？

尼：見證自然就在。記住一件事：我現在是在對「我在」感說話。

問：我要怎麼樣才能與「我在」溝通？怎樣聽才能見「我在」？

尼：傾聽是自發的——就像你自然醒來、自然入睡一樣。無須勉強自己。我並不是把我的「本然存在」從別的地方拿過來，放到這裡。它任運[72]出現了，因此，我也正在體驗著它。在談話過程中，你曾變得非常憤怒；這在你心念變化的範圍之內——但並不是說你的「能知」就是那樣的。那個知道憤怒的，正是「我在」之感。你的一切靈性學習，都是依你對身心的認同而進行的。

問：我同意，沒錯。

尼：除非你正確地認出了你的真面目，否則你怎麼能正確地認清別人呢？認識真正的自己吧。

問：我該如何開始？

尼：信仰神是修行的一種。但堅信真我，不是一種修行，而是安住。

問：我信神，或者我不信神——這兩種想法是一樣的嗎？

尼：是誰在說話？只有當你確信你與神是一體的時候，你這麼說才是對的[73]，然後你會認識到，沒有你，就沒有神。要了解，你自己就是真正的智慧，但你無法「看到」自己，你只能「安住」於真正的自己。放下你對心念的執著吧。

問：有時候確實能放下。我要怎樣才能超越頭腦？

尼：要明白，你和這些流動的心念沒有一點關係，你是有別於它的。要清醒，要警覺。百年之前，你受這些變動的心念控制嗎？

問：不受。

尼：就保持這樣。

問：如何才能保持在「我在」中？

尼：這是個愚蠢的問題。你「已經」這樣了。你難道不就是「我在」了嗎？

問：我不能擺脫嗎？

尼：智者超越「我在」，只是見證。

問：人在生活中應該採取什麼樣的行爲準則？

尼：這個問題，是從你的概念中冒出來的。把概念都拋掉吧！在你靈修學習的過程中，收集了許多你稱之為「智慧」的概念。你想要我也捲入你的概念中嗎？

心念總是在流淌，除了在熟睡中。智者也有諸多念頭，但他的心念變了。

大多數人不停被念頭帶著跑，但是極少數人會轉過身去追尋源頭，脫離了原本念頭之流的方向，他會說：「這不屬於我，不關我的事。這個『我在』是客體外物的結果，不是我，我擺脫它了。」

你在這裡聽到的話，將緊跟著你，一路上都不會放過你，你的求道之旅將會結束。你為了「小我」做東做西，但這也有盡頭，不是嗎？

問：欲望無窮無盡。

尼：我遇到很多人，在追求幸福的路上，他們一直很痛苦。我很少遇到有人說：「我很滿足。」

存在之意願

一九八一年二月九日

尼薩迦達塔：對於「能知」和肉體遭受的一切痛苦，我已經忍無可忍，現在就可以拋下——這就是目前的情況。然而，大家來到這裡，這些談話自然地從能知之力中流淌而出。我是把你當做能知之力來對話的——你就是神聖的能知之力。你身體上的事情，我毫不在乎，但你卻是站在身心的立場上來聽的，這也很自然。

我跟你談談這個「能知」吧。在我的真實狀態中，如果在身體形成的那一刻，我就發覺「能知」的話，我必定會加以排拒。但是在那個最高的狀態中，這樣的認知是不存在的，身體的形成和「能知」兩者是同時自動產生的。

問：馬哈拉吉，您能解釋一下我們怎樣才能深入到那個「能知」中去嗎？

尼：你靈修多久了呢？

問：已經十年了。

尼：誰是你的指路人或上師？

問：我大部分時間都在看書。我在德里曾經有位上師。

尼：誰在使用這個身體和它的名字？

問：這正是我想要找出來的。

尼：你不必去找。它自然會發生，但你必須等待。我等了這麼久才見到你。

問：我會等下去。

尼：現在，認清這兩者間微妙的差異：「你是什麼」和「你以為你是什麼」。身體不是你，名字不是你。身體是你吃下去的食物，那個滋味就是「明覺—我在」。那就是真我[74]，那個「我在」之感，也就是「存在之意願」[75]。

多麼奇妙！多麼不可思議啊！它沒有名字，但是你給它起了很多名字。它是真我，是存在下去的意願。那種「存在之意願」遍及一切。

天堂、地獄、國家、房屋，這全都是概念。先是有了石頭和泥土，然後一個概念被付諸實踐，高樓大廈就拔地而起。在你概念化任何東西之前，你在，甚至在「知」之前，你就在。

你只需要關注這個「知」，即「存在之意願」、真我。

誰會來聽這樣的對話？只有居於身體裡的真我才熱切地想要明白。大家趕到這裡，離開家人一段時間，從別的國家遠道而來，那是因為真我想要了解它自己。

稀世之寶

一九八一年二月十一日

尼薩迦達塔：我研究過那五顆珍寶，知道其中底細。這稀世之寶做成一頂王冠，至高無上。我深知其價值，但我不是它。

這五顆寶石就是由五大元素所構成的身體及「能知」，我曾以為自己就是那個。它價值連城，抵得上整個宇宙。我很識貨，而在這過程中，我知道我不是它。

現在我很少說話。要是我說話，也沒幾個人聽得懂。你可能收集了許多文字，但文字會一直陪著你嗎？真正的你，並非文字及其涵義所能及，你，並非擁有某種性格的人。產生了「能知」的那個「生之基礎」並不受條件約束；它自動出現，並展現為「能知」。

你陷在這個世界裡，陷得好深！昨天之前，你對自己的存在一無所知，而今天就開始口若懸河了。你現在嗓門很大，宣稱自己即是梵。

問：我知道我必須要明白，一切都是能知之力的遊戲，並且要確信，這一切就像是不孕婦女卻生下孩子般虛妄。

尼：不孕婦女的孩子，你又要如何去把捉呢？在「本然」中安住吧。

藉由顯現來言說

一九八一年二月十二日

尼薩迦達塔：世界上沒有一樣東西對我有用。你想靠某個身分來理解一切，但這身分恰恰是虛妄。每天你都要說服自己去相信自己。你不得不把生活繼續下去，而首先就是要讓自己相信，你是存在的。除了「知」之外，什麼都沒有發生，只是有一根「知」的刺，扎在了你「不知」的本然之上而已，這根刺毫無用處。

任何從「能知」之中升起的東西，我都不會認同。

眼下，這個身體正在經歷很多痛苦：頭暈、疼痛……所有這些事情都發生在身體層面上。儘管情況這麼糟糕，話語還是自然流淌出來——是怎麼辦到的？是三德[76]，三德就是本然存在。本然存在不僅感知你們的到訪，也經歷了這副身體和世上形形色色的流變：有時，我躺在垃圾堆中；有時，人向我虔誠禮拜……但這一切都處於能知的領域。我意識到這一切都是那個「生之基礎」，即「我在」的產物。

虛空和星辰會對世間塵土不滿嗎？塵土是那全體宇宙遊戲的一部分。能知之力則比空間更為精微。你心心念念，想要擁有世間的知識，但不論積累了什麼樣的知識，必然都會煙消雲散。

世界上只有一個真理：一切皆為虛妄。我是那個「無顯無相」[77]，藉由「顯現」來言說。沒有了身體、頭腦、命氣，一切風平浪靜；只有我，究竟實相，永恆遍在。理解這一真相並不需要什麼知識，因為智慧乃與生俱來。

你在這裡聽到的東西，會指引著你。種子會發芽的。

鑽戒

一九八一年二月十三日

問：我想要問的問題太多，沒有一點頭緒。

尼薩迦達塔：你的問題都是別人的概念，問一些只與你自己有關的問題吧。

問：我不了解眞我，要怎樣才能了悟、怎樣才能了解呢？

尼：你不了解真我，這是理所當然。你既不是身體，也不是取給身體的名字，所以你如何能了解你的真我呢？

問：我怎麼才能體驗到我的眞我呢？

尼：是因為身體的緣故，你才無法得見真我嗎？

問：也許是因爲「我在」。

尼：我正引導你往那個方向。你在；因為你在，你的世界就在。五花八門的名字和頭銜烙印在這世上，你迷失其中。放棄給自己貼標籤的習性吧。成為被貼上標籤或頭銜之前的那個你，成為那個。

問：要靠直覺，不用頭腦，是嗎？

尼：不要使用頭腦，什麼都不要做。

問：不需要去覺照嗎？

尼：只要你在，這種覺照就會在。你必須拋棄你所讀到的和聽到的一切——只是如其本然。不要被概念牽著鼻子走。真相是永恆的，你所能把捉的一切都是虛幻的。即使你體驗到了你在，那也不是你的真實本性。你，作為究竟實相，不是這個「純淨我在」，但現在你必須在你的「純淨我在」中安住。

問：可是我怕。

尼：因為你把某樣東西當成了你自己，但那其實不是你，這就是你害怕的原因。假設你在路上撿到一枚鑽戒，放進口袋占為己有，由於它不是你的，恐懼就會壓垮你。當你認同一個不是自己的身分時，你會忐忑不安。當你只是「純淨我在」時，就不會有恐懼。現在你是這個「我在」，但這個「我在」不是真相。在「我在」出現之前的你，才是你的真實本性。

不靠概念而活

一九八一年二月二十五日

尼薩迦達塔：人生在世，都依據一些先入為主的概念而活。無論他認為自己獲得了什麼樣的靈性知識，他都會繼續按照這些概念生活。

問：不靠概念而活，會是什麼樣子呢？

尼：怎麼回答你，都只是一種概念。

問：人怎麼知道自己超越了概念？

尼：只是要去明白——不帶一絲疑惑，堅定信心——明白在這種「能知」產生之前就存在著一種狀態。這樣，只是這樣，就足夠了。

問：那又如何分別得出來，只是頭腦知道，還是實際做到了呢？

尼：你是怎麼理解事情的呢？所有你認為自己所擁有的知識，都只能存在於「能知」中。「能知」是後來才出現的，對於它存在之前的那個狀態，「能知」

又怎能提供相關的知識呢？

你達到或將要達到那個狀態的想法，都是錯誤的。「能知」中發生的一切事情都純粹只是妄想、幻相；因此，請記住，一切都是在「能知」中發生的。帶著這一見地，毫無動搖，不要去追逐「能知」中升起的其他想法。你只需堅信，一切都是暫時的，不能反映你真實的狀態。

責任

一九八一年二月二十七日

問：馬哈拉吉能談談身體和靈魂之間的關係嗎？

尼薩迦達塔：你必須先要了解你的真我。這個身體不是你的真實本性。你能知道「我在」，所靠的那個基礎，那才是你的真實本性。

問：那麼對於他人，我該負什麼責任？

尼：你把自己的責任建立在你從世間聽來的教導之上，但是，承擔所有責任的那個「你」是什麼呢？必須先明白這一點。你現在認同身體——這可沒有認清真我。

問：我也不是總覺得自己是身體，當我靜下來集中注意力時，我意識到，這並不僅僅是一副血肉之軀。這對我來說是一個新的體悟。

尼：你有沒有發現，不同群體其實並沒有本質上的差別？

問：只是有些人更貪婪、更野心勃勃。我喜歡去國外旅行，會遇到形形色色的人，風俗習慣都不盡相同。

尼：不要到處亂跑，也不要來這裡。保持安靜、平和、穩定。在這裡，我們不做買賣。從這裡散發出來的覺照與寧靜，能喚起或激發出那種超越概念的「明覺—我在」。

問：這就是爲什麼待在馬哈拉吉身邊很有收穫的緣故。

尼：我說不了太多話。別問問題了。如果你願意，你可以去別的地方。

問：之前，我曾來過這裡，那次參訪對我影響深遠。我更明白了。

尼：無論體驗者感覺到什麼或想到什麼，都在「能知」之中，並不真實。

問：我很難表達清楚。

尼：並非一個個體在看著另外一個個體，當下的存在之感就是覺照。除了這個之外，就沒什麼了。這種「能知」，覺察著出現在「能知」之中的對境；

而「能知」本身，也是一個暫時的狀態，被旁觀著。清醒、沉睡、存在感，這三種狀態輪流交替，都是出現在我之上的暫時性狀態，而我並不是這三種狀態。它們自動出現，也自動離去。沒人能控制。這些狀態中，哪一個是你的真實本性？

問：**我覺得我其實就是當下的存在感。**

尼：這個會永遠持續下去嗎？你必須明白，真相是不會改變的。真相恆定而永存，而這三種交替的狀態，是有了你才產生的，在此之前並不存在。暫時、有時限的事物，都不可能是真相。

就目前而言，你認同這種存在感是可行的，但要明白，即便這也只是暫時的，這不是你的真實本性。

對你來說，最重要的是「我在」。只是「我在」就好，你自會得到指點的。

身體是工具

一九八一年三月二日

問：馬哈拉吉說過，他曾視自己爲個體，但現在他不這樣認爲了，因爲那是認同身體。事實上，在此之後，身體還在延續——我想說的是，身體是如此的強大，即使在人了悟到自己不是身體之後，還可以延續一段時間。馬哈拉吉說過，生病以後[78]，最後殘存的一絲個體感也消失了。

尼薩迦達塔：你的問題是什麼？

問：身體認同眞的這麼強烈嗎？我的意思是，這習性是否如此根深蒂固，即便人知道超越身體的實相，還是認同身體？

尼：並非如你所想的個體認同。身體是能知化現的工具，有身體才能有體驗。只要能知之力存在，它就需要工具；沒有身體，能知之力就不可能以其形式存在。消失掉的，是作為一個獨立個體的感覺。

智者就像未出生的孩子；而「能知」就是出生了的孩子，而且這孩子病了——這種物質、客體性的身體就是病。智者不會生病。這副身體（尼薩迦達塔指著他自己）被擾亂了，四大不調，因此，我不能好好說話，也不能正常地走路。

只有當你擁有身體，你才知道你在，此理其他生物也一體適用。一旦身體存在，就知道「我在」了。

問：我作爲究竟實相，難道不會意識到自己的存在嗎？

尼：這個「我在」的見證，發生在究竟實相之上。

道聽塗說

一九八一年三月四日

尼薩迦達塔：你是怎麼得到這個「我在」的？它是不請自來的，還是你努力爭取來的？你是究竟實相，根本不受概念束縛，也沒有「我在」這個最初的概念；突然之間，你被「我在」所俘獲。這是誰幹的？這難道不是自動發生的嗎？

問：是的，的確如此。

尼：在子宮裡的九個月中，你沒有「我在」的概念。要明白事情是這樣的：「我在」這一概念自動而來，又自動而去。驚訝的是，它一出現就被當作真的。往後，隨之而來的謬見，都是因為對「我在」所懷有的真實感而起。試著於「我在」這原初概念中安住，好丟棄這一個概念及所有與之相關的概念。為什麼我完全自由了呢？因為我明白了「我在」的虛幻不真。

我向眾先賢、教法、宗教等等致敬。我知道這是幻相，只是能知之力的遊戲。真相、永恆，是不可能被見證的，它總是「技高一籌」。

在你的真實狀態中，沒有語言，但你認為自己很重要，就開始擁抱各種概念、說辭。可憐的人，被夾在世俗生活和靈性生活之間。每百萬人中才有一人全盤了解能知之力所演的戲，並超越了它。

問：什麼是死亡？

尼：「死亡」是道聽塗說。你經歷過死亡嗎？

沿著靈性的道路走下去，你走到了個體性的盡頭，不再有這個人了。有的只是非個人的能知之力。在這個能知之力的領域裡，所發生的一切都是充滿活力的嬉戲，是運作的歷程。在這歷程中，個人、個體、群體、教派、宗教都沒有區別。

你能知之力一眨眼的功夫，就上演了這一整齣戲。這齣戲會落幕的。

另類

一九八一年三月七日

問：遵循馬哈拉吉的開示後，在世間的行事方式就可能變得很另類。

尼薩迦達塔：誰的行事方式？誰認為很另類？真正存在著的，只是五大元素的精華。正因為如此，五大元素的本質是不會改變的。但五大元素的精華，也只不過是這種存在感，和永恆相比，它短暫易逝。

你帶著敬意來到這裡，而你獲益的多寡，取決於你是怎麼看待我的。如果你繼續視我為個體，你收穫也就如此而已；如果你能看我，如同我看自己或看你一樣，那麼，你會收穫很多。真正的狀態是「能知」出現之前的狀態。很少有人會達到那種狀態。你們大多數人都不會想去超越個體認同或身體認同。

這種認同，從嬰兒時期到現在，一直在變化，並且會隨著時間的推移變化下去，純粹就像四季更迭。

僅憑道聽塗說，你就認同了這副身體。你的父母告訴你，你出生在某一天，說這個身體就是你。因此，根據別人的話，你為自己描繪了一幅特定的畫像。你們可能認為現在你們已經成為了智者，認為自己很清楚自己的真實身分，但大多數情況下，這是一種感官欺騙。不管你認為自己是怎樣的，這無非只是一個概念。

只是去明白你是什麼，並盡你所能繼續你的日常生活吧。

問：這裡每天都有共修儀式（敬拜）嗎？

尼：是的。在這裡，敬拜者是能知之力，敬拜的對象也是能知之力。

宗教概念

一九八一年三月十二日

問：哪一個先出現，是「我在」還是欲望？

尼薩迦達塔：如果沒有「我在」，還有什麼能存在呢？這種能知之力是流動的狀態，不是靜態的。如果顯化自身的那個力量，以及那個「知」（「我在」）沒有出現，認同就不可能發生。當「我在」出現，並被視為真實時，它就被限定，或者說約束，成為一個特定的身分。

問：我已經拋棄了我的身分。

尼：是誰拋棄的？

問：沒有人拋棄，是自行脫落的。頭腦有能力不掛念，只是單純去覺察，這是可能的。

尼：如果能保持「毫無反應」的狀態，「能知」就不會升起了。

問：如果「能知」只是認知到對境，那麼就該把這種「知」拋棄掉。

尼：有什麼必要拋棄呢？不曾存在的，未來也不會存在。這種「知」之前並不存在，以後也會消失。

許許多多的聖者，來來去去，留下了無數的教導。這裡的講話，哪裡引用過基督、羅摩、黑天等等的話呢？我們提過他們嗎？

許多聖人智者都有各自偏愛的概念，想要全世界都了解。搞到最後，各種宗教只是個別的概念，在特定時間內吸引了某特定個體的能知。

問：這就是我們來這裡的原因。

尼：你來，難道不是你身心所致嗎？不僅身心是虛幻的，連這個昭昭靈靈的能知之力，這個宇宙，也是虛妄。「純淨我在」就像夢一樣，轉瞬即逝。

即使是「懂了」這種感覺，也會把人帶入幻相，因為這個個體認為自己發現了點什麼，可以傳授他人——但是，個體並不存在。

玩弄文字很容易迷失，因為太把文字當真了。只要記住，一切萬法得以顯現，是靠五大元素的摩擦而成，而現在這番談話，也在一切萬法之中。沒有人當老師是為了要從中獲益，沒這回事。

人認同粗重的色身，對於昭昭靈靈的能知之力，他既不認識也不認同。一切活動之所以發生，憑藉的都是能知之力，但沒人真正了解個中緣由。

大家來到這裡提出很多問題，並加以思考；過了一段時間，又知道了點什麼。但等到全都明白的時候，就沒有問題可問了。

原罪

一九八一年三月十三日

尼薩迦達塔：一切都出自於我們的真我。只有在「真我」之中，才會自然產生這種「能知」。這種「我」，不是一個個體。真實的，是無相的究竟實相；呈現出來的是顯化而成的相對世界，就像在夢中，而這種夢一般的體驗，對每個人來說都是一樣的，沒有區別。

在顯化的運作過程中，如果你相信某件事是單一事件，那麼它就影響到作為個體的你。反之，如果將其視為整體的運作，而非單一事件，那麼無論發生什麼，你便全然不受影響。明覺真我，是如夢一般的「純淨我在」感。假立一個獨立的身分，人就玷污了那個本來的純淨無染——這就是原罪。

追本溯源吧！你是誰？你又是什麼？你是五大元素的產物，仰賴五大元素的支撐。你的「我在」之感源於五大元素——把注意力集中在這上面吧。到底要在你身上發生什麼，你才能認識到你的真我呢？你又能有什麼改變呢？你來這裡，一定是在期待著發生點什麼。你期望有所改變，然後就可以說：「我過去尋尋覓覓的，現在找到了，不再需要去見馬哈拉吉了。」你現在說的是什麼狀態？是怎樣的境界呢？那狀態如夢一般，我不會去記得誰來過，也不會記得我們之間的對話。

味道

一九八一年三月二十一日

問：如果有人明白了眞理，這對整個世界有影響嗎？

尼薩迦達塔：首先發生的是，個體性消失了，之後不管發生什麼，都視為整體的運作。對整體運作的領悟是不可被分割的，不存在「我」或「你」——這即是領悟。

這種真知在書上找不到，這不是頭腦的知識。雖然這種能知之力藉由無數身體運作，但都是同一個能知之力。

我們堅信：我在、我存在、我活著。有這種確信是靠「能知」，但如果身體不在的話，「能知」就無法知曉它自己——那麼這兩者之間是什麼關係呢？「能知」是肉體的「味道」。沒有身體，就沒有「味道」了。身體是食物的精華，而「能知」是肉體的精華。如果能正確理解這一點，還有個體性存在嗎？這種個體性只是顯化的過程。

問：爲什麼能知之力想要在一個特定的身體中保存呢？

尼：當能知之力認同身體時，這種認同的特性就是想要延續下去，愈久愈好。能知之力非常喜歡這種認同，它想要這樣繼續下去。

問：如果失去了這種個體性，能知之力還會想要延續下去嗎？

尼：一旦能知之力失去了個體性，與宇宙融為一體，就沒有延續下去的必要了。

靜靜的

一九八一年三月二十四日

尼薩迦達塔：如果你靜靜的坐在這裡，和「明覺—我在」融為一體，那麼你就不會再擔心這世界，煩惱世事。只有當能知之力開始運作，在能知之力中產生了各種變動時，世間的活動才得以進行。當我沒有覺知到身體的存在時，不會把體驗放在心上。

就像宇宙包含在能知之力中，肉體也僅僅是能知之力的一種表象，被「能知」所感知和認知。不能勉強你懂，只有在能知中有了最深刻的洞悉，領悟才會自然發生。

處於這種狀態的人，「能知」是在的，卻不會惦記著身體也在，即使在這種狀態下，身體也不斷變化。所有這一切，都只是能知之力中的表象；因此，「能知」必須承受一切無常所帶來的痛苦。

在那個狀態下，什麼事情都會發生，但一切真正發生著的，只是整體運作，它發生在這個「空」的背景之上，而這個「空」，實際上，正是能知之力。不存在什麼獨立的個體，而真實存在的，只是這種能知之力，沒有它的話，沒有人可以存在。

當你非常安靜的時候，你就抵達了萬法的根本。那個狀態幽深而靛藍，星辰無數。當你處於那種狀態時，已意識不到自己的存在。

我是誰

一九八一年三月二十九日

問：如果不同軀體中的能知之力都是相同的，那麼爲什麼思想和行爲會因人而異呢？

尼薩迦達塔：思想和行為屬於身心，身心是由五大元素所成。身體的特性取決於五大元素和三德的組合比例。思想和行為取決於能知之力存在的那一刻所受的限定。沒有能知之力的話，就只有死的軀體。

由於我們攝取了食物及藥物，「能知」和身體得以運作。不同的身體，其思想、言語、行為不僅取決於身體被創造後所接受的境況，而且還取決於受孕時甚至更早之前的環境。「能知」潛藏在生之化學要素中。

人會去認同身體，這真是好笑。你靈修多久了呢？

問：四十年了。我一直按照拉瑪那尊者（Ramana Maharshi）的「我是誰」來參問，我也讀過馬哈拉吉的書。

尼：到目前為止都很好。你對你自己的真我，有什麼了解？你是什麼？

問：我是能知之力。

尼：究竟實相在體驗發生之前就存在了，而「純淨我在」是體驗的開端。在究竟實相上，出現了「知」，於是問題升起了：「我是誰」或者「我是什麼」？那種存在的感覺還未被身體限定住，它只是一種存在的感覺，一種「純淨我在」的感覺。這是最先出現的體驗。

問：這就是幻相。

尼：因為你還不知道「我是誰」的答案，你就回答說「這是幻相」。靠一個答案，你是沒法領會的。你自己又認同什麼呢？

問：我是梵。

尼：這不是你的直接體驗。你只是把你讀過或聽到的東西說出來而已。你認為你是什麼？

問：我曾體驗過……

尼：能有體驗，是因為有「我在」；但是「我在」這一體驗之前，是什麼狀態呢？

問：我不知道。

尼：我跟你說話，是因為你具備領悟的智慧。

問：我能不能終止這種「我在」，成爲「我在」之前的那個？

尼：有哪種自然進程是你能終止的呢？一切都是任運而生的。能知之力生動活潑、生氣勃勃，此刻你正處於其中。不要認為你不屬於這個生動活潑、生氣勃勃的能知之力，你在能知之力所上演的戲中插了一角。你就是你吃下去的食物的產物，你就是「能知」。

在活躍的能知之力的層面上，也就是活躍狀態的真我，是不可能去認同身體的。

問：我如何才能相信這一點？

尼：安住真我，就會得到信心，處於寧靜之中。

吞下整個宇宙

一九八一年四月六日

問：當我坐在這裡向您提問時，我感到很寧靜。這算不算個里程碑，表示有所進步？

尼薩迦達塔：你在說些什麼啊？你這話是幼稚園的水準。慕道者班的學生，我是不管的，我是教修行班的。你靈修多久了呢？

問：從小就開始了，因爲我們家好幾代人都靈修，所以，我愛好靈修。

尼：很好。不過，你還是在幼稚園水準。對你來說，唯一的辦法就是放下你的身心認同。

問：這些，我在智性上都理解，可是我沒有體會到，所以我來這裡參加薩特桑[79]。

尼：你說「薩特桑」是想指什麼？這詞只是靈修上常用的行話而已。當你離開這裡的時候，要有堅實的信心，確信「我是梵，根本沒有形狀、身體、樣式，了無思想偏好。我是昭昭靈靈的能知之力」。

當你了悟你是無形無相的，就沒有種姓或者宗教可言，就不存概念了。

慕道者，只是幼稚園水準，嚮往靈修，但是還是認同身心。修行者，是不再認同身心的人。成就者，是穩固於「明覺—我在」之中，並在過程中超乎其上的人。在這條道路上，你很清楚自己處於哪裡。

尼：（對另一個人說）這個年輕人的母親曾經奄奄一息了，但是我確信說她不會死。那是幾年前的事了，現在她還活著。他的母親深信自己要死了，連葬禮上想用的花都買好了。我命令她起床，去給我煮茶。

那個時候，我的態度是「我是梵」；現在，這個態度已經被拋棄了。我那時候有堅定的信心，不管我處理什麼事情，都會實現，都會發生。就在這裡，發生過很多事情。從一九三二年開始，這裡就一直在做拜讚歌了，我是範馬里[80]這幢樓裡最早的住戶。

（有人接著說起了那裡發生的奇蹟。馬哈拉吉身邊發生過很多奇蹟，但是他不以爲意，不會談論過去或者未來。）

尼：大家來這裡是希望能解決他們的問題，當我問為什麼來，他們只要說出他們的問題就可以，我就告訴他們：「你來到這裡這個事實本身，就說明你的問題一定會被解決。你可以走了。」現在，你們所有人都來了；是誰把你們帶到這裡來的？是你自己的「本然存在」。你被這個地方吸引，那是因為你內在的某種特質。你將會穩定在最高的狀態中。並不是什麼世俗的吸引力把你帶到這裡的。你們一干人都對這個吸引力一無所知。這個吸引力，對你來說，就是要住於你永恆的居所，那裡才是你的家。有了那個吸引力，你就來了這裡。

問：科學家一直在談論「黑洞」，宇宙裡一切東西最終會被吸入黑洞。

尼：你就是那個「究竟」，是你吞下了整個宇宙。

信心

一九八一年四月十日

尼薩迦達塔：現在只剩下最後一點點「我在」之感。從今以後，人只能來達善[81]了，不太有可能對談了。無論你對我抱有什麼樣的信心，它都會在你心中穩固下來。那不是達善，而是你對達善的信心。

非同尋常、罕見、奇特、驚人、超越感知——這都可以用來形容你的收穫。這是對真我的終極信心，完全的信心。不管你看到什麼，不要只把它看成是一副身體。其所展現的，是那至高、無相之道的四肢。這些四肢達到了至高點。

問：我深信不疑。

尼：對現在的你來說，信心堅不可摧，徹底、圓滿而不朽。

退回寂靜之中

一九八一年四月十一日

尼薩迦達塔：這種「能知」的核心是「知」，知道「我在」。這不是個體性的流露，不是個人的展現。這是整體的顯現。「本然」存在著，充盈一切。

不過，「我在」這一特性，是物質、客觀的肉體所產生的結果。一粒種子，潛藏了一整棵樹；一滴「我在」，廣納三界。

最高的境界，是智者的狀態。第一步，是成為那一滴「我在」。在認知的過程中，你就擺脫它，這就是智者。智者不受禍福吉凶所擾，因為他已經超越了「我在」這一基礎。他身為見證者，旁觀這齣戲。

現在，要了解清楚。這一滴「知」，是食物精華之身所產生的結果；在了解的同時，你就擺脫了它。如果能走到這最後一步，知道我、究竟實相不是那一滴「我在」（即「能知」），只要一次[82]就好，就不會再捲入能知之力的戲劇中，進入了一種沒有退路，永恆的境界。

無論你把什麼當作靈性真知，都是在「能知」的領域中獲得的；這種知識僅僅是你頭腦的負擔，它會帶來更多的痛苦。

這無非是靈修上的口頭禪而已。這個「我在」，是一切痛苦的根源。

你是否到了用言語難以形容真我的地步？在我這麼詳盡地回答之後，你應該退回寂靜之中，說不出話來了。

這一真知，我已經方方面面徹底講清楚了。你有勇氣接受嗎？

如果你真的明白我對你說的話，就不必再來了。這些事情，不要逢人便說，在別的地方，就別再提起了。

寫日記

一九八一年四月二十二日

尼薩迦達塔：整個宇宙都被「我在」這一「能知」體驗著。沒有它的話，哪有東西存在呢？能知之力正敲著鼓，每個人都被鼓點所吸引。誰會去看鼓手？是誰在敲鼓？對這一微毫的能知之力，沒人瞄過一眼，真不可思議。

問：當我安住在「能知」中，這就是禪修嗎？

尼：誰在安住？難道不是「能知」本身嗎？

這個人（指的是簡．鄧恩）已經明白了她的本性。這都是源於她對上師的信心。與我有關的一切，對她來說都很神聖。除非你對上師有般信心，否則你是不會對真我有信心的。有些人去追隨這個師父[83]、那個師父，圖的是什麼？舔他們的殘羹剩飯。要嘛乾脆舔自己的剩飯，還比較好。

堅持你的「能知」，安住其中。你應該把所有概念的包袱融入你的「能知」，而不要用「能知」來搭建概念的大廈。

問：習性的力量很強大，使人迷失方向，不是嗎？

尼：將身體視為真正的自己，這一習性對每個人都影響至深。「明覺—我在」是你的上師，安住其中。

唱拜讚歌的是誰？是上師之智[84]在唱——你又是誰，插了一腳進來？當然，整個世界的行動都依賴這種「智」，但當這種「智」達到頂點時，便融入了超梵。

你們所有人都還在繼續用自己的概念寫日記——我告訴你們，這些到最後還是完全沒用，只是徒增手段，製造束縛。

出生

一九八一年六月五日

尼薩迦達塔：現在你知道你在。這是怎麼發生的，你是怎麼知道你在的呢？你必須回到根源。一百年前，你對自己的存在一無所知，那時你沒有問題。現在，由於這個「知」，所有的問題都出現了。由於身體，這個「我在」出現了，那麼對於身體我們有多少了解，對這個「我」又有什麼認識呢？

問：當身體倒下、人死亡時，記憶和「能知」是否仍然存在？

尼：記憶和「能知」都是「食物之身」的特質。當身體不在了，它們也不會留存。「我在」是「食物之身」的特徵，而並非真我的本質。

問：什麼是「超越位」[85]？

尼：「超越位」的意思是，只剩下你，其他都不剩了。只要你知道你在，一切就都還在。找出你是什麼，就會得到一切答案；找出身體的源頭和這個「我在」的源頭。如果找到了，就會知道你是什麼。

任何會變化的，都不是你的真我。身體不斷變化，先是不存在，然後出現了，而後消失。這副身體不是你，找出你是什麼。

能知之力是關鍵。你必須全神貫注於「能知」本身，這就是禪修，然後，所有的祕密都會由能知之力向你揭開。能知之力所中意的，是對真我的愛。如果一心一意，你終會了解它。如果你關注的是世間事，那就意味著你對能知之力不感興趣。如果你只關注能知之力，那它會揭露所有的祕密，你就會明白你是什麼。這個「你」會知道你是誰，但「覺」指的是「純粹能知」，那裡是沒有「我」的。

觀察你自己——這就是禪修。只保持「能知」，不要把它和別的東西混在一起，這就是離於語言的明覺，你就是那個。念頭還是會出現，但會愈來愈薄弱，於是只剩下「純淨我在」的感覺：唯有「能知」，沒有活動。觀察行為，是較低的層次，比如觀察憤怒等等，這是把自己等同身心。

問：馬哈拉吉會感覺到自己的身體嗎？

尼：我明白一切都是因為能知之力才存在的。我看著這個身體，就像我看到你一樣，但我與它是相互分離的。我不把自己視為這副身體。能知之力不是男性，也不是女性，就像光。光也等同於熱。當體溫冷卻，醫生會宣布病人不在了。

問：那輪迴呢？

尼：連這個出生都是假的。「我在」這一特性是因為身體才出現的。在深度睡眠中，你不知道自己是否存在；你不知道你在，就是這樣。你根本就沒有出生，只是宣稱自己存在而已。早在你出生前，你就存在了；你的存在是永恆的，但是意識到「你存在」，那是在幾歲大的時候才開始的。煩惱這一生就夠了，何必擔心來生？想想，你真的出生了嗎？

神與神的相會

一九八一年六月七日

問：怎樣才能控制頭腦？

尼薩迦達塔：只接受善，屏棄惡，不斷持誦神的名號——這會幫助你逐漸控制住頭腦。你所接受並能帶來安寧的，是「好的」；頭腦所排斥的，就是「不好的」。當你做一件事，害怕會失敗時，那意味著你的頭腦並不純淨。

問：如何培養對持咒的興趣？

尼：在聖人的陪伴下可以培養出這種興趣。

從下午五點到六點[86]之間，發生了什麼？能知之力來見能知之力。除了能知之力自己和自己的交流之外，不會有其他的談話。這裡不會有其他陌生的第三者或個體攪和進來。神來到了這裡與神相會。你要知道，不管升起什麼樣的覺受，你都不是那些。

概念的奴隸

一九八一年六月九日

尼薩迦達塔：拉傑尼希[87]不是小人物，不是等閒之輩；他很了不起——很重要，他是位偉大的聖人。

既然你已經有上師（拉傑尼希），你為什麼還要去拜訪別的聖人呢？既然你有一位偉大的聖人作你的上師，你就不該坐在這裡，也不該來這裡。我不喜歡換來換去的人。我不喜歡遊蕩者。馬哈拉吉和拉傑尼希之間有什麼區別嗎？一旦你把這些字（即名稱）去掉，還有什麼區別？在探究別人之前，先探究一下那個遊來蕩去的人的「我」——去掉這個人的名字後，還剩下什麼？沒有了名字或標籤的你是什麼？

你要去探究那個探究者——去探究「我在」。

在打探別人之前，先探探自己吧，看看你是真實還是虛幻。「我在」，這兩個字是用了某種墨汁自然落墨而成的——這種用來描繪你真面目的墨汁，到底是什麼？寫出了「我在」這兩個字的這墨汁，也在吠陀經典裡寫下了「光輝的舍沙薄伽梵」[88]之名。「舍沙」的意思是存留下來的，殘存者。那個殘存下來的，也就是你的真面目，它是什麼？（尼薩迦達塔隨後要求某人離開，不要再繼續聽講。）明白自己的奧祕，知道自己到底是什麼的人，他不會去談論或爭辯孰高孰低。

你成為了概念[89]的奴隸——被概念奴役之後，你全然投入，又沉浸在更多概念之中。你淹沒在概念堆裡。因為「你在」這最初的概念絆住你，於是你開始給東西取名字、立稱號、施加想法，變得無法自拔。儘管有人自稱是智者，但面對種種概念時，還是樂在其中。儘管他完全清楚這樣不會有結果，還是選擇周旋在一堆概念之中。「光輝的舍沙薄伽梵」自動來了，也會自動離開。作為「我在」的你，想要為自己獲取什麼？你是靠了什麼立場或概念，讓自己在「我在」中站穩了腳跟的呢？你堅信著我就是這個，醒位、深度睡眠、「明覺—我在」[90]這三種狀態，都是「光輝的舍沙薄伽梵」的特徵。

而你不是那個。

問：那我是誰？

尼：明顯而肯定的回答就是：只有「你在」。你把帶餌的魚鉤扔進水裡捕魚。以這種方式，你借用「你在」這個概念，扔出了誘餌，為自己釣起眾多的概念。因此，只要問題還會釣起答案，那麼無法被解釋的（也就是存留下來的那個），就在那「不可說」之中了。

認知存在之前，你已經在了。如果你不在，其他人便不存在。你把自己建立在身體及心智之上，穩穩立足於此，並創造、招引眾多的概念，難以自拔。你談論的是別人，告訴我，你是什麼。我現在在問你：什麼是你？你，這個觀察者。

問：馬哈拉吉知道我不明白自己是什麼。爲什麼還要問我？

尼：我不是在跟你說話。是能知之力在和能知之力討論能知之力。誰告訴你是馬哈拉吉在和你說話？你的前提就是錯的。一個假象注意到了另一個蒼蠅的假象。這就是為什麼我自然做出了這種手勢[91]。如果我明白我是什麼——其實我僅僅是一種假象，那麼我就會明白其他人也只是假象。因此，我不會對他們有所質疑，或與其爭辯或吵架。但如果我不了解自己，如果我被概念帶著跑，那麼我會偏愛我自己的假象。

問：因此馬哈拉吉只是在跟能知之力對話，他不會跟我的無明交談。

尼：無明會一直存在，就如同明覺也會一直存在一樣。沒有無明，就不可能有明覺；沒有與之相輔相成的明覺，也不可能有無明。在顯現之中，兩者互為對立，沒有了對方，彼此都無法存在。甚而明覺一詞，也只是一個概念。對智者來說，既不存在明覺的概念，也不存在無明的概念。在「能知」升起之前的那個狀態，根本沒有明覺與無明。但你卻想要用五花八門的概念來理解我所說的，用一切的概念作繭自縛。

問：馬哈拉吉正在奪走我的一切。沒有什麼能讓我抓住的了——我會墜落的。

尼：墜下去之後，你會摔成幾塊呢？說了這麼多了，你想做什麼就做什麼吧！其他人在尋找自己，而你卻在閃躲。

問：什麼是實相呢？

尼：恆存、不朽、不變的，就是實相。永恆不朽，不是一種體驗的境界。在它之後，能知之力、「我在」、身體的體驗、生活，才相繼出現。體驗屬於「能知」的領域。在「能知」的範圍之內，你無法體驗到真相。其實不可能體驗到真相，因為在究竟層面，你就是「那」。怎麼會體驗到實相呢？它是先於「本然存在」的。

問：要把那種體驗持續下去的話，該怎麼做？

尼：沒有體驗是永恆的。你即是永恆。體驗存在於「能知」的範圍內，受時間約束。

問：如何超越時間？

尼：你是怎麼來的？對事物的體驗，是無意識或自動發生的。你無法刻意進入。

問：那我們能刻意地去超越它嗎？

尼：你想跨出去？你必須確切地知道什麼是時間，什麼是你。你必須先明白這一點。你要跨出什麼？你想跨越時間，時間又是什麼？

問：時間就是欲望。

尼：並非如此，時間意味著空間。

問：空間中是有分隔的。

尼：你在馬哈拉吉面前掏出來的知識，都是一些錯誤的概念。出生就意味著痛苦，這個道理你懂嗎？

問：是生之苦，而非知識之苦。

尼：只是玩弄文字和概念的話，你是不會獲得解脫的。

問：那該怎麼做呢？

尼：連你「必須做點什麼」的這個概念都要拋棄。

問：那我該拿痛苦怎麼辦？

尼：怎麼來的，就會怎麼去。

問：我得閑著沒事做嗎？

尼：勤奮地去做！我說的話，你是聽懂了，但你又擔心自己積累的那些所謂的知識會變得一文不值。克里希那穆提[92]說了他所能說的一切，說得很對，但你徹底消化了嗎？不管馬哈拉吉說什麼，你都還在用概念去吸收。

我很特別

一九八一年六月十日

問：我在打坐時睡著了。我該怎麼做才能克服這種情況？

尼薩迦達塔：別跟我提這種問題。你處於三種狀態，清醒狀態、深度睡眠狀態和你之所是的明覺，那麼你為什麼要去管你所不是的狀態呢？你為什麼有興趣呢？這是自動發生的。你必須明白，當你穩定在一個比清醒、深度睡眠狀態更早存在的狀態，安住在語言甚至是「能知」出現之前的狀態時，你的身體層面發生了點什麼，這並非你做出來的。別去管它。別去探究它。你是站在這一邊的，如果那邊發生了什麼事，你為什麼要操心呢？本然地做你自己。如果你就是本然的你，另外一邊發生了什麼，你就不必操心了。

你感興趣的是自己體驗到的覺受。形形色色的體驗，數不盡數，比如，我看到了藍光，我飛升了起來等等，不要告訴我這些事情。本然地做你自己，而不是認同各種體驗。體驗也只是一個暫時的階段，你要是說：「哦，這有點特別！」那麼你就賦予了它過分的重要性。體驗只是自然發生的。

以前有一位男士來見我，他告訴我他一坐下禪修，就會開始哭泣，要哭個十分鐘左右。他認為，這是在了悟真我的過程中，在他身上發生了不得的大事。為什麼要那麼激動，說什麼：「哦！我哭了！」那又怎樣！你不是那個哭泣的人，你不是你的情感，你是嗎？有這麼多人來見馬哈拉吉，訴說他們在禪修時所經歷的靈修體驗，只是為了向人展示：「我很特別！」

當你進入睡眠狀態時——在那個時刻，在邊界線上，要保持警惕，提醒自己：「我是昭昭靈靈的梵」。在睡眠過程中，你的超然之在，先於頭腦，在睡眠中也會延續。如果你入睡時持咒，半夜醒來，你會發現你還繼續在持咒。如果你夠警覺，能意識到自己，你會在你內在核心最深處看到光。

安住其中

一九八一年六月十一日

尼薩迦達塔：你對自己的身體了解多少？它是什麼？你又是什麼？身體是個殼子或樣子。「食物之身」的「味道」就是「明覺—我在」。在這個身體裡，你感受到或體驗到的自我認同是什麼？你說的話沒問題，但你是那些話嗎？你穿著衣服，但你是衣服嗎？沒有什麼樣子是永恆的。身體不斷在變化。只要你把自己等同為身體，你就不會滿足。

這是虛空，但我不是虛空。對於你的真我，必須堅信不移。你內心一定要有深切的衝動想要了解自己。恩典一直都在。你最初的信念，即「你在」，在語言之前就存在，而你卻把身體這個殼子加諸其上。放棄身體認同吧。在語言存在之前，你就在了，做那個就好。

問：我怎麼才能是那個呢？

尼：不管你是什麼，不要賦予形狀或式樣，僅此而已。如果你在，那麼一切都在。一味愛書、多讀書，對你都沒有幫助。做你的真我。虔敬真我，只崇拜真我。去崇拜「明覺—我在」，把它當作上帝、當成上師來崇拜。你是先在鏡子裡看到自己的形體，還是說你知道你比這個形體更早就存在了呢？哪個更早？如果你不存在，你能在鏡子裡看到自己的形體嗎？別去勉強區分「真實的我」或「虛假的我」，而是應該把我與梵相連，我就是梵。你所聽聞的，已綽綽有餘，沒有必要再去聆聽類似的道理了。如果你能消化所聞，安住其中，那麼你目前所聽到的，就已足夠，不需要再多的開示。你不是別的，你是完完全全的梵。不幸的是，你局限了你的真我，寧願相信你（梵）是身體。現在，你知道你不是身體。那麼，為什麼你會被這個認同身體的虛妄之「我」給征服了呢？

你有很多知識，但這些知識只與俗世有關。你到現在還不知道真我。我不談論世俗的知識，這會沒完沒了。

這就是世界。虛空涵蓋了世界，但有覺知，知道著虛空。虛空包含在「明覺—我在」之中，而「我在」之前就在的，是「能知虛空」[93]。「能知虛空」（即「純淨我在」）是宇宙之源。「能知虛空」是「心之虛空」的根源。認為「我是這樣或那樣」，這是不可能的，你不可能是這樣或那樣的。因為有了「能知虛空」，「摩訶虛空」[94]才會存在[95]。世界的虛空之所以存在，是因為心之虛空，或者早在心的虛空之前就存在了——一個虛空被一個更精微和更廣闊的虛空所涵蓋。而這個虛空的基礎，則是「明覺—我在」。如果人能明覺「能知虛空」，安住其中，就會證悟到無生也無死。

存在感

一九八一年六月十四日

問：持續的日常活動使人頭腦遲鈍。我想知道如何讓頭腦清醒。

尼薩迦達塔：我不談論身心以及世間事，只談你的真實本性。你的真實本性是你的存在感，這種「能知」。如果你沒有覺知，那對你來說世界就不存在了。空空如也。只有當你有覺知的時候，對你來說世界才是存在的，所以，我談的就是這種「能知」，這種存在感。

一旦有了這種存在感，你在世間的一舉一動，我一概不管。這種存在感，這種「能知」，難道不是早在其他事情前就存在的嗎？即便是運用頭腦去思考事情，但如果你沒有覺知的話，你還能思考什麼呢？因此，這種存在感，這種「能知」，難道不是最首要的嗎？——沒有了它，什麼事情都不會發生。所有一切，念頭也好、概念也好，都沒法自己產生。如果沒有存在感，任何行為活動都無法產生。存在感不需要靠頭腦的思維就能知道你是存在的。你不必問自己：「我存在嗎？我有知覺嗎？」有了那種直覺性的存在感，你就知道你是存在的。

這種存在感，並不是什麼「我存在」、「你存在」或者誰存在。存在感就是存在感，如是而已。人因為認同身體，所以認為自己有生必有死。其實出生的，是遍在的存在感，本然如是。存在感自動產生，也將自動離開。除非認同身體，否則不會有個體產生。時間感，或者是時間的流逝，或者是發生在時間中的事件，所有這些只有在「能知」在場的情況下才能產生。如果沒有「能知」，你會有時間感嗎？

有燈芯，有燃料，只有這樣，才會有光。所以光取決於燃料的持續時間。時間這個因素就是這樣起作用的。存在感，這種「能知」，就是一切。因此，找出它是如何產生的，以及它將持續多長時間。就像光只有在有燃料供給的情況下才能維持，這種「能知」也只有在有燃料的情況下才能維持——燃料就是身體，身體由五大元素組成，靠食物維繫。如果食物不能持續供應給身體，身體就無法維持，如果身體不能維持，那麼「能知」也不會維持下去。

因此，這種「能知」取決於身體還會存在多久。就算這種「能知」也不是萬能的，它不會永遠持續下去。找出「能知」是如何產生的，找到「能知」的源頭吧。

這個身體是什麼？身體只是靠食物和水堆積而成。食物和水當然不是你，這個「能知」僅僅是由食物和水所成。因此，你是獨立於身體及「能知」的某個東西。只要身體存在，認為自己是個個體的人，唯一的本錢就是存在感，即這種「能知」。把它當作至高的上帝，只崇拜存在感吧。當你與存在感合一之後，所需要的一切靈性智慧，都會自動湧現出來。

如果你還有什麼問題或疑問是你所在乎的，你會發現這些問題和疑問，都是基於你作為人，認同了身體和頭腦。如果沒有這種認同，就不會產生問題。你會看清這一點的。

一天二十四小時

一九八一年六月十六日

尼薩迦達塔：每個人都在走自己的路，但人人根器不同。

有一些檢驗方法，可以看出你是否走在靈修的道路上。檢查一下，一天二十四小時，你都在想些什麼。你說你明白了真我，你收集了真我的知識；然而，一天之內，在你的心念之流中，你都在琢磨些什麼呢？你琢磨的都是你的日常事務。我們現在在探究你的身分、探究你是什麼，這種探究你是不琢磨的，你不去探究。有人想來想去，只是琢磨真我的嗎？你的根器，取決於你思考的強度。

我也坐立難安。我現在所遭受的疼痛和苦楚，世上沒有人能受得了。這番談話也不是所有人都能受得起的。

「能知」由身體而產生，超越了它的話，就沒有「能知」的體驗了。我想談一談超越了「能知」的那種狀態。有數以百萬計的名字，但所有這些名字都與客觀世界有關。甚至「父母」這一稱謂也因身體而起；由於身體的緣故，這個「父母」的稱謂才出現。我希望你們認清：沒有「身體上的能知」，就沒有梵；梵是因為「能知」存在，「能知」是因為身體存在。「身體上的能知」是五大元素的結果。「身體上的能知」和世界之間沒有區別，它們是相同的。要用這種方式來思考這個問題。

頭腦和心智所理解的，是這個客觀世界。雖然你聽過這些談話，但你仍然會被概念性的體驗牽著鼻子走。

這個身體是由食物構成的，但是你的真面目是什麼？——它就像是身體徹底轉變之後，連你胃裡的糧食都徹底轉變之後的樣子。這個身體，只是食物。這是「食物之身」和「能知」。究竟實相才是你的真面目。關於究竟實相，我已經指點你了。你還沒有超越「能知」，而「能知」是第一步。全體性的「能知」，並非終點。

乾涸的海洋

一九八一年六月十八日

尼薩迦達塔：大家來這裡是因為覺得有必要來。來這裡，讓你身體裡的能知之力很開心。只要能知之力有需要，你就會被推著去做。能知之力一旦離開，就不再有所束縛了。

我們因為能知之力而有了存在感，除此之外，我們還擁有什麼呢？真正的幸福，無與倫比的幸福，只有「能知」離開之時才會出現。只要有「能知」，就有禍福。只有當「能知」不在之時，才有純粹的幸福。只要能被感知到的，那就與真正的我截然不同。我了知我的「真實本性」（*swarupa*），我就是那；真實本性與顯化出來的事物無關。

除非能知之力對你很滿意，饒了你，否則你永遠無法與能知之力分開。能知之力為你打開了超越能知之力的大門。

能知之力有兩個面向：一個是充滿概念的、充滿活力的能知之力；一個是超越了的能知之力——連「我在」這一概念也不在了。概念性的、有屬性的梵，即那個充滿概念和帶屬性的能知之力，是身體運作下的產物。這個能知之力對我來說已經死了，消失了，我已經超越了。所以無論剩下的是什麼，都是另一個能知之力，那個不帶概念的能知之力。

我所超越的這個基礎，它是概念性的，充滿了特徵屬性，就像廣袤的海洋。現在這片海洋大致乾涸了，剩一點水漬，只剩一點點，幾滴水珠。那個遍在及主導一切的，並沒有概念和特徵。現在和你說話，正是殘存的那個。對於殘存下來的這個基礎，哪有什麼生死可言？以你的聰明智慧，現在就被卡住了；你抓著某些觀點不放。如果你沒有觀點，何必還要來這裡呢？

你只學習那些從你內心升起的概念。那些你不喜歡的，想都想不起來。假如你不喜歡數學，那門學科就吸引不了你，對你的觀念而言，數學很陌生。你只涉獵那些你喜歡的主題或事情。分析一下你的心念，看看是不是真實的。

找出你心念的本質，可與靈性有關？

無念之境，我常駐其中。

專業修行人

一九八一年六月十九日

尼薩迦達塔：所有發生的事情都只存在於身體意識[96]中。個體性，只存在於身體意識中；一般的認知，只與身體形象有關。但你不是身體，你是能知之力。沒有個體的印記，只有昭昭靈靈的能知之力在起作用。這種活活潑潑、昭昭靈靈的能知之力總是處於流動的狀態。會發生什麼，誰都說不准。

這種活活潑潑的能知之力根本沒有概念，不會認為未來有什麼吉凶；事情就這樣發生了。沒有作為者。

「我在」之感存在著。心念之流也存在著，它並非個體性的流露，它是能知之力。「你是身體」的這一想法本身就很荒謬；其實是能知之力在體驗著它自己的顯現。了悟到這一點的人很稀有。智者的日常生活，也就是能知之力的全面運作。通常，人總是把他者視為帶有某種個體性的人，而不是把別人單純地視為能知之力中的一種作用。能知之力演的戲不會落在個體的層面之上，全然不同的，它只是顯現而已。

你不是某位偉大智者[97]的弟子嗎？你跟著他有多少年了呢？

問：七八年了。

尼：那你為什麼來這裡？

問：我想要您的達善，我想見見您。

尼：當你穩定在自己的真我之中時，就沒有自他之別了，你就是一切。如果你安住真我，你就會像虛空，沒有二元性。你就像虛空一樣廣闊而微妙，那就是解脫。你不受名字或身體的限制。如果你如同虛空一般，那麼跑去其他地方又有什麼意義呢？虛空在這裡，也在他方。靈修不是小孩子的遊戲。我說的話，來聽的是不管是何方神聖，都能把他們的疑惑碾得粉碎。

首先，安住真我，並且超越它，在超越的過程中，你將證悟到你的究竟實相。現在說的這些話，不是從經典和其他書籍中看到的知識，而是出自切身體驗。「鑽研」[98]這個詞，說的就是專業修行人日常所做的功課，他們會去講解各種書籍中的知識。

你必須徹底明白你是什麼，明白當什麼都不在了的時候，你會是什麼。什麼都不存在，但你仍然在——那個你是什麼？一切都是一體的，而當一切都在時，你依然在——這一點是可以理解的，但是當什麼都不在的時候，我如何能在？

造就上師

一九八一年六月二十一日（早上）

尼薩迦達塔：你對自己的看法都不對。真實的智慧，是要安住在你自己的真我之中。現在你聽到的這些真知，要試著去明白。你在其他地方獲得所謂的真知，談論的只是無明，它們不可能談論真我，談論真正的智慧。頭腦所追求的一切，都不是真正的智慧。真正的智慧不易理解。如果我以前就有過「我在」的體驗，我還會願意進入我母親的子宮嗎？在進入子宮之前，我不知道自己，也不知道「我在」。一切所謂的智慧，都被語言玷污了，只是無明而已。你，究竟實相，覺察著醒位，你明覺「能知」，你明覺沉睡位；因此，你不是醒位、沉睡位。

千千萬萬的人來了又去，我算是其中的哪位呢？個體性並不與任何身體有所連結，但我一直以來都屬於整體的運作，現在還是。沒有我，就沒有一切的作用。不管是千百萬年前還是現在，每一個瞬間，我都是整體的運作。

儘管我認清上述事實，但因為「能知」，不得不承受肉體上的痛苦。「能知」這個詞，指的就是痛苦。受苦的一生快要結束了。不管這個基礎是什麼，連同身體與「能知」一起，它正在體驗著所有的痛苦，而且它知道自己非常貴重，價值千金。這一基礎，它理解並了悟到痛苦和「能知」的本質，它是千金難換的。我不走大眾化的靈修之路。在這裡，是不會拿一般的靈修方法來敷衍你的。究竟實相，你是永遠無法失去它的；無論你失去了什麼，你失去的只是語言而已。你知道或感覺到的終極「我在」，離於語言。因為這個「我在」，而有了對世間的認知。你並非了然一身，你是這世間認知不可或缺的一部分。

「個我」（*Jivatman*）指的是認同身心，認為自己是有別於世界的個體。而「真我」（阿特曼）只是「本然存在」，或者說是「能知」，它就是世界。知道這種「本然」的究竟基底，根本無法命名，任何語言都不能接近或限定它。那才是究竟實相。

我不想要溫順謙卑的弟子，我要他們像我一樣強大。我不造就弟子，我造就上師。

我要你親身嘗試一下這個參問探究的過程。

三個層次

一九八一年六月二十一日（下午）

問：我怎樣才能穩定在覺性之中呢？

尼薩迦達塔：你知道你在，這本身就是「覺性」。如果你認為你必須有所覺察，那麼它就變成了一種體驗性的狀態。你想要體驗到點什麼。別把你的身體當成是你自己。認同身體，對你日常的世俗事務來說是可以的，但是在你必須要了解你自己的時候，就不要認為你是身體。你擁有「明覺—我在」，這本身就意味著你在。

覺性，是「能知」退回其自身的狀態。

這個身體是吃下的食物所產生的展現。物質以食物的形式被吃下去，這個身體就是其成果。攝取的食物愈來愈少之後，身體必然消瘦、單薄。這不是你的身分，這不是你的樣貌。這就是一個「飯桶」（指身體）。這張臉為什麼瘦了呢？因為食物供應減少了。你不是「食物之身」。你不是醒位，你不是沉睡位。你知道醒位。既然你知道醒位，你就不是醒位；你知道沉睡位，因此，你不是沉睡位。

問：我愈聽愈迷糊。

尼：那個終極的「你」永遠不會迷失。無論你失去了什麼，你只失去了文字而已。誰告訴你你迷糊了的？你知道你在——「我在」。

當「我在」的感覺出現的那一刻，世界也出現了。「你在」並不單獨孤立。你是世間認知不可或缺的一部分。

在「能知」的等級中有三個層次：

一、「個我」是那個認同身心的人。他認為「我是一副身體、一種個體、一個獨立於世界的個體」。由於把自己等同於身體和頭腦，他把自己與世界剝離、分割出來，有自己獨立的身分。

二、下一個層次，只有「本然存在」或「能知」，即世界。「我在」指的就是我的整個世界。只是「本然」和世界。世界，連同「本然存在」一起被感受到了——那就是「真我」(阿特曼)。

三、究竟基底知道這個「本然存在」。根本無法給這個究竟基底冠名，言語也無法形容，那就是「究竟實相」。

我用大白話來解釋一下這個層次，就好像我有一個孫子(這就是「個我」)；我有一個兒子，而我是爺爺。爺爺是兒子和孫子的源頭。

這三個層次並不能被稱作「知」。「知」這個詞，是出自於「本然存在」的層面。我已經把我教導的精髓傳給了你。

你現在的自我認同是什麼？你是以什麼身分來到這個世界的？你想以什麼身分離開？通常，大家都緊抓著身體認同不放，但現在我已經拋棄了這種認同——你不是身體。我現在要問：「你是什麼？」既然你不是身體，你現在的身分是什麼？無論你說什麼，都不對，都是錯的。

你將身體當作自己，死抓著不放。你必須堅定地相信，你不是身體，甚至不是「本然」中的能知之力。

你自己試試看。現在看著那根棍子[99]，你有沒有告訴那根棍子說：「我在看著你」？

一切都是多餘的，當人在其本位時，語言是多餘的。當人退回到他的真實身分中時，什麼都不重要了，因為什麼都不存在。當「我」消退之時，一切都是覺性。

宇宙大戲

一九八一年六月二十二日（早上）

尼薩迦達塔：這種「能知」和「我在」是因為什麼而產生的？它能產生，所需的基本材料是什麼？是五大元素、三德[100]，以及普拉克瑞蒂—普魯薩[101]。所有這些產生了這個「我在」虛空。除了記憶之外，你還有什麼？記憶是五大元素、三德、八相[102]所成的結果。所以，只有當基本材料齊備的時候，才會有記憶——關於一切的記憶，以及最為重要的，「你在」的記憶。

就當下而言，「你在」的感覺也是一種記憶。為了保持對「我在」的記憶，所有這些原始材料都是必要的。你不是那個「我在」。你是究竟實相，先於「我在」。這個「我在」是這些原料的產物，但你是究竟實相，不是這些原料的產物。最多你會說「我在」，但這個「我在」是什麼呢？「我」只是一個字。起初，有了文字，然後就有一種記憶。你不是記憶。誰能一直保留他「我在」的記憶？一旦原料全都消失了，那麼「我在」的記憶去哪裡了呢？

你最重要的一步，是在活活潑潑、昭昭靈靈的那個「能知」的基礎上，站穩腳步，這才是你真實的身分。只有這個才是你的安身之處，這是第一步。只有「明覺—我在」，安住其中。就這樣，不多也不少。

人是看不到光線的，因此，只有當光線碰到物體時，才能看到光線的反射。同理，「我在」是因為五大元素和三德而產生的阻隔物。這就是為什麼能感受到「我在」，但即便沒有「我在」感，你仍然在。太陽發出光。一切都蘊藏在其中，五大元素就在其中，因此，陽光遭到反射就可見了：因為有東西在，所以太陽的光亮能被看到；如果沒有東西，光線就會遍布一切，成為不可見的光源。

「摩訶虛空」是無限的虛空。無限的虛空是一片漆黑，就像你閉上眼睛後那麼黑。在那個物理虛空之中，宇宙生成、下墜、毀滅。

最終而言，所有那些發生在能知之力的戲劇中的體驗，結局如何呢？它們就這樣消失了，留下的只是純然的虛空。

世界千變萬化，形體不會長存。一切形體終將消失在虛空中，化為無形。

我所談的都是出自自身體驗，而不是從書裡來的。

無數的人、動物等生物，來了又去。但是宇宙加在一起的總和，有變多變少嗎？它是不變的，從未變少過。它總在那兒。

世界上有千千萬萬種身形，「我的」形體能永久長存嗎？現在你有的只是一種「我在」的感覺，因為這種感覺，整個世界都顯現了出來。

無數人類離開了，他們留下了什麼痕跡嗎？讓我們暫時把靈修放在一邊。在我所有的經歷中，我有過歡樂、幸福、痛苦，有哪些痛苦或幸福依然還在？一個超越了「能知」的人，或者一個看到了這一切的終結的人，對於這樣的人來說，哪裡會有所得失呢？

我非常清楚，這種「知」不會繼續存在下去。在那種「不知」的狀態，我安住其中。既然如此，哪裡還有什麼人要做什麼事呢？有了這樣的靈性取向，還會受到世俗或家庭生活的影響嗎？

虛空

一九八一年六月二十二日（下午）

尼薩迦達塔：體驗和體驗者都會消失。對此我不會再細說了。能知之力表露變化，因此變得愈來愈精微。形體是會消融的。通往靈性之路的第一步是培養信心，相信自己非男亦非女。

向外尋求光和聲音，所有的弟子都經歷過一些靈修體驗，而這本身就是束縛。他們拿自己的體驗與他人比較，覺得自己道行更高。他們受聲音和光等等的體驗所誘惑，因為他們認同身體。他們想要一個形體和外觀，因此，他們陶醉在展示形體和外觀的各種體驗中。

你應該效法虛空。如果你把注意力放在外在的事物上，你就會被帶跑了。如果你是虛空，而不是身體，那麼在那時，身體就不再作為身體而存在，因為沒有人把身體當作身體來看待了。在「能知虛空」中，你把世界視為名字和形相，但是當名字和形相分解時，就發生了消融。所有形體都消融在「摩訶虛空」中。你評判一副形體，認為它是這樣或者那樣的。當評判不存在時，頭腦就不存在了，它就像虛空一樣。

你依靠「能知虛空」這個原料，來評判你所經歷或觀察到的東西。在變得更加精微的過程中，外在的形體消融在「摩訶虛空」之中，不再有名字和形象。同時，評判分析和頭腦的運作也止息了，消融回到了「能知虛空」中。當「摩訶虛空」和「能知虛空」都靜止時，就只是虛空了，而你就是虛空。

因為有了外在的身體，才能感受到「我在」。然而，沒有了身體之後，「純淨我在」仍然存在，而不帶「我在」之感。我是永恆之遍在。

盡頭

一九八一年六月二十三日

尼薩迦達塔：正如你不是你所穿的衣服，同樣地，你也不是這副身體。這是最重要的一步。你會慢慢地領悟到你就如同虛空一樣，因為虛空是一切的開始和結束。假設你生病了：你會想知道一切病情，病得愈嚴重，你就愈想了解清楚。同理，「我在」也就像是一種病，現在你必須開始收集相關知識。

問：要從哪裡開始？

尼：從身體開始。從身體中你得到了「我在」這一明覺。在這個過程中，你變得愈來愈精微。當你處於一個能夠見證「明覺—我在」的立場時，你就達到了最高境界。你必須這樣努力去理解，真知的種子就會在你身上萌芽。

當你在物質性的「世間認知」中走到了盡頭——在那個階段，你便超越了觀者和所觀。

這意味著你處於一個真正的「本然存在」的狀態。之後，你會進入超越「本然存在」的狀態，在那裡，觀察者的身分和所觀之物都消失了。

假設有人傷害了你，然後你要找出這是誰。是身體嗎？不是身體。那會是什麼呢？最後你得出結論：任何的身體所發生的事情，都是自動發生的。你不會把問題歸咎於任何個體。當你的個體性消融之後，你就看不到個體了，一切只是能知之力在運作。如果你豁然醒悟，這就很容易理解；如果沒有，那這就是最難弄懂的。如果弄明白了，這深奧的道理就很簡單。我現在說的這些話，不是一般的靈性知識。

當你達到這種狀態，超越了身體，超越了頭腦，超越了「能知」，此後發生的一切，都只是從「能知」這一身體的產物中自動發生的，沒有主控權或作為者。當有身體發出聲音，並非有人在說話，而是語言自然的流淌，只是發生了，不是刻意為之。如果你徹底理解了這一基底，它將引導你到靈性的最深處。

究竟實相是獨一遍在的。除了究竟實相之外，什麼也沒有。無相的那個，顯現了自身，而那個昭昭靈靈的狀態就是上師，無所不在。

承認這個身心的是誰？認可了身心的「純淨我在」，它實則無名無形，已然存在。

唱拜讚歌

一九八一年六月二十五日

尼薩迦達塔：我想說話，但沒有體力了。但我說出來的東西，都非常深奧，很少有人能聽懂。首先，一切都發生在宇宙層面，然後引發了世間層面上的具體行為。所有這些都是自動發生的。那裡既沒有擁有者，也沒有作為者。

在世間層面，形形色色的身體形成了。在身體的層面，我們遇到了身體的誘惑；我們先是迷戀自己的身體，然後迷戀其他身體。無論在這個有形的世界裡發生了什麼，工具[103]和助力都來自於虛空。原料來自虛空。虛空在光出現之前就存在了。當光聚集在一起時，就像太陽一樣閃耀。由於這一切都很難理解，我建議最好的做法，是去唱誦拜讚歌！

判斷善惡好壞，只能藉由語言。語言或聲音是虛空的表達。只有在語言的層面上，大家才會認為未來有吉凶；一旦認同虛空，吉凶就終結了。首先，你認為某件事對你來有好有壞，然後，為了趨吉避凶，你造了一位神——然後去崇拜這樣一位神，唱誦讚歌，並祈禱神讓好事降臨在你身上。

自動發生

一九八一年六月二十七日

問：什麼是禪修？

尼薩迦達塔：我們因為「那個」才知道自己存在，與「那個」合而為一，就是禪修。神被賦予了許多名字，所有的名字都指向同一件事——神代表著人所是的這種明覺，這種「本然」，這種能知之力。這種明覺指的不是個體，而是指與整體合一的那種存在感。

大家非但沒有將這一明覺當作整體的運作，反而試圖根據某種概念，將其割裂成零星的碎片，據為己有。任何基於概念的認知，都不是真實的認知。

根本就沒有獨立存在這回事。現在你知道你是醒著的，因為，你在這裡，你有這種認知。除了這種認知以外，一無所有，沒有獨立存在的個體。

當你安住在這種能知之力中時，你會明白你沒有在做事，一切都是自動發生的。沒有「你要做什麼」這種事。你不可能試圖成為真我，因為你就是真我。

問：我很擔心我的家人。我希望他們有靈修的意願，並獲得靈性上的覺醒。我試著向他們灌輸這些眞知。

尼：如果他們根器成熟，那無論傳授什麼，他們都會接受。

殘缺的能知

一九八一年六月二十八日

尼薩迦達塔：「我是梵」[104]會在某個微妙的地方發出芽來，一旦發了芽，就會持續長下去。這種發芽有什麼意義？它說明我是梵；然後，靈感、直覺，就開啟了。「我是梵」更深的涵義是指一種內在直覺性的靈性成長，對「我是梵」擁有了堅定的信心。「我是梵」在人內心開始生長，這樣可能會受苦，但他的領悟是不會退失的，或者說「我是梵」種子還是會發芽。根是扎得很深的。*Aham Brahmasmi*的意思是「我是梵」，但是在說「我是梵」之前，你與梵已經合一了，只有這樣你才能說出「我是梵」。就像在醒位，醒來後，你會說：「我醒了。」所以在你說醒了之前，你就已經醒了。

接受真知有兩種方式：一是你被授予真知，你從外部得到真知；另一種方法是，真知從內部成長壯大，來自直覺。

到目前為止，你自己了解真我了嗎？你還沒見到你的真我，你憑什麼就相信你的真面目呢？此刻你認同的，只是身體和你身體中的心智。

問：人得運用智力去理解。我讀了很多書。也許去培養更深層次的感性領悟要花些時間？

尼：要了解你是什麼，並最終認同你之所是的真我，你必須遇到一個認同真我、徹底了解真我的人。你發現自己的真面目了嗎？

問：沒有。我在別人身上看過。這會促使人嘗試探尋自己的眞面目。

尼：當你看到別人時，對方只是食物精華而已，就像你一樣。

你還有什麼別的領悟嗎？典型的你是什麼？你內在的核心是什麼？

你們來這裡，覺得非常充實和滿足。為什麼？你會這樣覺得，是因為你在這裡時，你受到你能知之力的庇蔭，或者說你安住其中。這意味著你處於一種超越了身心和智力的狀態。你在那種狀態下，你根本就沒有形象，也沒有疑惑；因此，你處於那種滿足的狀態中。在那種狀態下，你所聽到的每一句話都會深植你心，不會遺忘。你不可能忘記，因為這些話會引導你找到真我。你所聽到的，在你離開後也不會忘記。即便當你走出這裡，也要在這陰涼之中安住，在真我中安住，於你之所是的能知之力中安住。這裡沒有心智插手的餘地。因為你不認同形象，頭腦就少了蔓生的途徑；頭腦在能知之力中止息，這種狀態宛若虛空，一種陰涼的境地。

問：如果處於這種「本然」的狀態，還有必要持咒嗎？

尼：假設你是一個女人，而你尚未接受自己是女人，所以你被告知「你是女人」。這便是咒語：「我是女人，我是女人。」當你確信自己是女人時，你會重複說：「我是女人，我是女人。」嗎？當你是「那」，就不存在抉擇了。抉擇發生在身心層面上，不管有沒有持咒。

問：當「能知」開始覺察到自己時，照理來說，它會消融在自身中。但很多時候，它又倒退回去了，又認同身體了。為什麼？

尼：「能知」是殘缺的，是疾病，為什麼它要出現呢？對智者來說，「能知」根本就沒有出現過。如果「能知」試圖了解自己，時機成熟時，它就會穩定於究竟實相之中。當「能知」在究竟實相中穩定下來時，它就知道自己像幽靈一樣，是虛假的。

你出生後不知道自己的存在。在子宮裡的九個月，還有之後的一段時間裡，是沒有「我是某某人」的想法的。當你開始認得自己的母親時，你也開始意識到你自己的存在。那個「我是某某」則出現得更晚一些。母親出於無明，教導你你是身體，你開始相信這一點。你的頭腦也開始慢慢發育。所以從一開始，由於無明，究竟實相不知道它自己；因為身體，它開始知道它是──「我在」。由於無明，你不得問別人：「我是誰？」否則，你不會問。即使像羅摩這樣的所謂化身，也必須受人教導。這些化身就像你一樣。身體的束縛是由於錯誤的教導而產生的，然後上師來告訴你，你不是身體，於是你被解放了。這就是為什麼依然還有這麼多新生命的出生。如果你知道這是種束縛，你就會拒絕出生。但因為「我在」的缺席[105]，所以你被困住了。因為

「我在」是身體的一種特徵，後來你才知道你在，並且被困住了。不過一旦你明白了，你也就自由了。

烏有

一九八一年六月三十日

尼薩迦達塔：所有的認知，就像不孕婦女生卻下兒子一樣虛妄不實。

當下只有「本然」及能知的運作。個體和個體性都被拋棄了。沒有了個體性，所以出生、活著、死亡都不存在。

有的只是無名無相的能知之力，個體根本就不存在。形體需要一個名字，但當兩者都不在了，那麼，能知之力只會在肉體健在的這段時間內延續，但卻不帶一絲個體性。現在，這副身體的用處與出生前和死亡後一樣[106]。你是怎麼認識我的？有了肉體、身形、名字、形態，你才知道我。你真的如實地看到我了嗎？我很懷疑。

也就是說，無生的那個，現在正在享受著「生之基礎」[107]。這個已出生的基礎，花了很久才明白：唯有無生的那個才是主人公。真我花了這麼久的時間，才明白了真我。

我們在自己脖子上套上了無數概念：死亡、「我在」等等。同樣，善惡的概念也是多餘的；我們發展出這些概念，作繭自縛。

對「了悟真我」（Self-Knowledge），你又是怎麼看的？你是安住真我中呢？還是在過程中，把別的東西當成真我？你這是在作繭自縛，茫然無知。

例如，你對友誼有一套觀念。可是你與朋友的友誼會保持多久呢？只要他們對你有用，就和他們做朋友。只要對你有益，就與之交遊。那麼，到底要怎樣才能從朋友那裡得到實際的好處呢？我這個個體，是不存在的，有益與否怎麼還會是個問題呢？是對誰有益呢？友誼哪有問題呢？

誰來都可以坐下。我會讓他坐一會兒，但稍後我會說：「你可以走了。」為什麼？因為我沒有要和他交朋友的意圖和目的。

通常，與人交遊的目的，是想從中有所收穫。當你與某人結為朋友時，可能帶有想要服務他人的意圖。但我是沒有朋友的。即便是這種「純淨我在」也不會一直是我的朋友。

不說了，我心有餘而力不足。以前我會歡迎大家來，但現在我沒辦法了。他們來，坐一坐，便徑直離開。我實在無法招待人家。

我知道的一切都已化為烏有，而我並不在意。

尼薩迦達塔·馬哈拉吉的師承

包薩赫伯·馬哈拉吉（1843-1914）

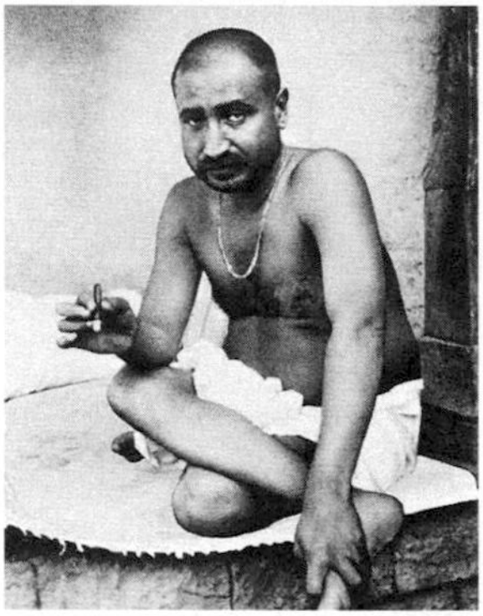
悉達羅摩濕瓦·馬哈拉吉（1888-1936）

冉吉特·馬哈拉吉（1913-2000）

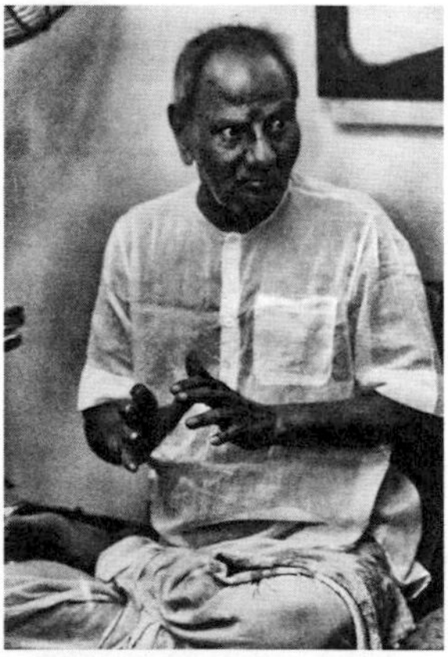
尼薩迦達塔·馬哈拉吉（1897-1981）

室利・尼薩迦達塔・馬哈拉吉

大事記

一八九七年四月十七日，出生於孟買，原名是馬魯諦・濕瓦蘭龐・坎普里（Maruti Shivrampant Kampli）。出生那天恰好是哈奴曼節（Hanuman Jayanti），虔敬的雙親便用哈奴曼的別稱「馬魯諦」為兒子取名。

在他出生前一年，孟買爆發了瘟疫，所以其父濕瓦蘭龐・坎普里（Shivrampant Kambli）舉家搬到了馬哈拉施特拉邦，拉特納格里（Ratnagiri）區南部的坎達岡（Kandalgaon）村裡。馬魯諦從小就要幫忙做農活，雖然受到的正式教育不多，但他常能聽到其父念誦聖典、唱拜讚歌、和道友談論宗教話題。

一九一五年，其父過世。

一九二〇年，馬魯諦隨其兄長來到孟買謀生。起初擔任辦公室職員，後來自己開了一家雜貨店。他經營有方，很快就展店數家，手下擁有三四十名員工，雖然也販賣餐具、衣物等，但主要經營香菸和印度平民抽的比迪菸。

一九二四年，與蘇瑪緹白（Sumatibai）成婚。之後，二人育有一子三女。

一九三二年，他搬入範馬里（Vanmali）大樓，此後終生居住於此。地址為：Vanmali Bhavan, 10th Lane, Khetwadi, Mumbai。

一九三三年，在朋友耶什萬特拉奧·巴格卡（Yasvantrao Bagkar）的多次敦促下，他終於前去拜見了九師傳承（Navanath Sampradaya）的室利·悉達羅摩濕瓦·馬哈拉吉（Sri Siddharameshwar Maharaj）。在第三次拜見悉達羅摩濕瓦時，他接受了正式的入門儀式，得到了名號咒（*Nama Mantra*）的傳授，他當場就有了強烈的覺受，自此就成為了悉達羅摩濕瓦忠心耿耿的弟子。

在持誦咒語後，他很快就有了許多禪定境界。一年後，有人邀請他講法，他並不推辭。信眾常帶來重病的患者，他會讓病人喝下一杯清水，病症就隨之消失無蹤。他還自發地吟誦出許多詩句，並署名「尼薩迦達塔（Nisargardatta）」，日後他就以此名為世人所知。nisarga是「自然」、「本性」之意，datta是「被賜予」的意思，所以全名有「自然而得」、「本來具備」之義。悉達羅摩濕瓦聽聞他的這些表現後，喝令讓他放棄，因為這些都會阻礙他證悟實相。

在此期間，他牢記悉達羅摩濕瓦的「你就是超梵」的教導，只是安住在純粹的存在感「我在」上，常常一坐就是幾小時，沉浸在平靜與喜樂之中。

他在晚年時說道：「如果沒有遇到我的上師，我就會作為一個男人活著，然後死去。我跟從上師只有短短兩年半的時間。他住在兩百多公里外，每四個月來一次，待十五天。他對我說的話深深地打動了我。從此我只遵守一件事：上師的話就是真理。他說：『你就是超梵。』不再有疑惑，也不再有問題。上師向我傳達了他要說的話之後，其他事情，我也就都不在乎了。」

一九三六年十一月九日，上師悉達羅摩濕瓦圓寂。

一九三七年秋天，尼薩迦達塔憶起其上師生前對「出離」的殷切教導，決定捨棄世俗生活成為雲遊僧。他穿著兜襠布、披著粗羊毛毯子，身無分文，前往南印度朝聖。有一次，他身處荒郊野外，饑腸轆轆，突然看到一間屋子，老屋主供養他食物，當他告辭後，偶然轉身回望，房屋和老人都無影無蹤。

完成南部的朝聖後，他北上準備前往喜馬拉雅山區度過餘生，途中遇到了一位師兄弟勸他不要拋棄世俗的家庭責任，本傳承的祖師就做出了世俗責任和靈性生活兼顧的榜樣，世俗生活並不損出離。

一九三八年，在外雲遊了八個月之後，他回到孟買。他不再有經商熱情，把幾家商店都關閉了，只剩下住所範馬里大樓附近臨街的一家小雜貨店，以此維持一家人的生計。他家在範馬里大樓一樓，層高很高，所以他建了一個夾層閣樓，不到三坪（二．四乘以三．七平方公尺）大小，幾乎所有的空閒時間都在那裡度過，禪修、唱誦拜讚歌、閱讀靈修經典，比如其傳承的四本經典[108]：《瓦希斯塔瑜伽經》（*Yoga Vasistha*）、《伊喀納特往世書》（*Eknathi Bhagwat*）、羅摩達斯的《給弟子的忠告》（*Dasbodh*）、商羯羅的《品行對話錄》（*Sadachar*）以及一些奧義書，也深入研究師兄弟記錄的悉達羅摩濕瓦的教言錄。在唱誦拜讚歌時，他充滿了虔誠，會常常處於狂喜的狀態。

一九四一年開始，他與師兄弟撒布尼斯（K. A. Sabnis）（又稱為百納特．馬哈拉吉〔Bhainath Maharaj〕）開始密切往來，兩人幾乎每天都會相聚討論靈性話題。彼時正值二戰，孟買市區常被炸彈轟炸，但他們不受影響。二者性格迥異，談話以尼薩迦達塔為主導，他曾對百納特說：「你就像毗濕奴一樣平靜，看看我！我就像憤怒的濕婆！」

這期間他得了肺結核，但他毫無畏懼，靠了虔敬之力，每天對上師的照片做五百個禮拜，無藥自癒。幾年之後，他開始尿血，醫生懷疑他得了癌症，但他拒絕去做檢查，兩三周之後，就痊癒了。

一九四二年至一九四八年間，他的一個女兒過世，妻子、母親也相繼過世。

一九五一年，開始正式收徒。其實自他一九三八年回孟買後，就有人想拜他為師，但他一直拒絕，只在自己白天經營菸雜店時，站在店門口與人談論靈性話題，若人想要得到名號咒的傳授，他會推薦他們去找他的師兄弟。在這一年，他得到了悉達羅摩濕瓦的祕意許可，才開始接受弟子，並允許信眾聚集在他的閣樓上禪修、拜讚。為了容納來訪者，原本的閣樓擴建成約四坪。

一九六六年，退休，兒子敕塔冉詹（Chittaranjan）接管了雜貨店的生意。

一九七二年，彼得・布蘭特（Peter Brent）所著的《印度的聖人》（*Godmen of India*）出版，書中提到了尼薩迦達塔。

一九七三年十二月，摩里斯·佛里曼翻譯並編輯的尼薩迦達塔開示集《我是那：與室利·尼薩迦達塔·馬哈拉吉的談話》（*I Am That: Conversations with Sri Nisargadatta Maharaj*）一書以英語和馬拉地語出版。此書使尼薩迦達塔舉世聞名，吸引了全球各地的求道者不遠萬里前去拜訪。

在六〇年代末、七〇年代初期，每年他都和一些弟子去朝拜其師和師公的出生地四五次。在七〇年代末後期，他的健康狀況大不如前，就不再出遠門了。他一直在範馬里的閣樓上接待訪客，每天早上和傍晚各有一次與訪客的對話，每次約九十分鐘。一日四次的拜讚從不中斷。每日的訪客大約有二十人，大多為西方人，到了周日和假期，則增至三十人左右。他通常只允許來訪者最多待上兩周，時間一到，就得離開，把聽聞到的道理加以實踐，幾個月之後可以再來短暫待上一段時間，又會被要求離開，騰出位置來給新人。

一九七七年九月，來自美國的簡·鄧恩（Jean Dunn）初謁尼薩迦達塔。

一九七八年，有位訪客恰好是當地的醫生，發現他說話有點嘶啞，經過初步檢查，懷疑是癌症，需要進一步檢驗來確診，但尼薩迦達塔拒絕了。

一九七九年，簡．鄧恩得到尼薩迦達塔的授命將他的談話整理成書。

一九八〇年四月，尼薩迦達塔的家庭醫生也發現他的聲音愈來愈嘶啞，強烈要求他檢查，於是確診為喉癌。有弟子帶他去見孟買最好的癌症醫師，醫生說若不積極醫治，日後會很折磨人，但他依然不接受化療或放療。弟子又熱心介紹其他療法，比如順勢療法、阿育吠陀、針灸，都只能暫時舒緩症狀。

一九八一年七月，癌症病情急轉直下。尼薩迦達塔與訪客的談話時間從兩小時變成了一個半小時，之後變成半小時。他舉步維艱，無法走上閣樓。

一九八一年九月八日，逝世。

譯後記

「意識」與「能知之力」

讀者可能早已發現，一個關鍵性的辭彙Consciousness，在本譯作中並沒有按照流行的漢譯那樣，被譯成「意識」。Consciousness一詞，在簡．鄧恩所編輯的三本對話錄中附錄的辭彙表中，都註明了是梵文*Chaitanya*的英文翻譯，*Chaitanya*以「*Chit*」（能知）為詞根，指的是「能覺」、「能知」、「了知的能力」，是一切顯現的背後的驅動之力、生命之力，這是尼薩迦達塔．馬哈拉吉所屬的這一傳承的一個核心的靈修概念，感興趣的讀者可以參閱我們此前的譯著，尼薩迦達塔．馬哈拉吉的師父悉達羅摩濕瓦．馬哈拉吉所著的《了悟真我之核心教授》一書中的譯後記——〈印度吠檀多英文著作中易被誤解的兩個關鍵詞彙〉（白象文化，二〇一九年一月出版），來了解他們這一傳承中對此的闡述。

尼薩迦達塔本人不說英語，我們只能仰賴當時在場的翻譯所使用的英文譯文Consciousness及附錄的英梵辭彙表來理解，但他的師兄弟冉吉特．馬哈拉吉會講英語，他從不使用Consciousness這個英文詞來指代同樣的概念，他用的是英文辭彙是Power，並且清楚指明，這是最本初的驅動之力，所以我們將本書書名中的Consciousness譯為「能知之力」。但在內文中，因為不同場次的對話語境各有不同，我們就順應對話的前後文背景，靈活對待Consciousness，有時會譯做「能知」、「覺知」、「意識」等。

在翻譯英文的吠檀多不二論著作時，一刀切地將Consciousness譯為「意識」一詞，極不妥當，因為中文「意識」一詞，給人的第一印象，就是屬於頭腦層面，但頭腦是在不二論中要被否定的對象，所以，如果譯為「意識」，會導致譯文在字面上就前後矛盾，會對讀者造成相當大的困擾，同時，也顯示出譯者並未明白尼薩迦達塔的教導。我們在此本譯著中所確立的中譯用詞規範，是在全面了解了尼薩迦達塔這一傳承——包括其師悉達羅摩濕瓦和其師兄弟冉吉特——的教法之後才確立的，是忠實於其原始語境的。

讀者在這本臨終教授中，還會讀到其他為數眾多的專業辭彙。這一方面因為尼薩迦達塔在現場教學時，有多位英文翻譯輪值，他們每個人習慣使用的英文辭彙不盡相同。另一方面，印度吠檀多的靈修傳統畢竟已發展了千年之多，後世的導師是站在前輩先賢留下的智慧教言的基礎之上所教授的，的確積累了數量龐大的專業辭彙。但請讀者把握一個普適的規律，悉達羅摩濕瓦這一派關於覺知的名相，無非在三個層次上所劃分：

一、個體性的層面；

二、遍在的層面，否定了個體性；

三、前兩者是成對出現的，畢竟是二元，所以二者皆需超越，「實相」那裡沒有概念，只是為了言說，假名為「實相」——這也就是吠檀多「非此，非此」（*Neti, Neti*）的終極原則。

關於這三個層次的辭彙，這裡可以舉一些大家熟悉的例子：

明覺↓能知之力／純淨明覺↓究竟實相

我在↓純淨我在↓究竟實相

個我↓真我↓究竟真我

個體↓梵↓超梵

在書末的附錄中，我們整理了一份辭彙對應表，方便讀者了解不同的辭彙之間的相互對應。

值得注意的是，這幾位智者在使用第一個層次（個體）和第二個層次（遍在）的辭彙時，有時是混用的，因為智者本身就已超越了個體性，雖然有身體，但相當於沒有身體。所以智者在覺知層面的個體屬性都擴展為了遍在的屬性，智者在使用這些辭彙時也不會特別咬文嚼字。比如冉吉特在《幻相與實相》中使用「明覺」一詞，有時指個體性的明覺，有時也指遍在的「純淨明覺」。而尼薩迦達塔在使用「我在」一詞時也類似，有時指個體性的自我存在感，有時又指的是遍在的精微存在感，即「純淨我在」。

此外，關於第二個層次和第三個層次的區別，悉達羅摩濕瓦在比較「真我」和「究竟真我」時，有個非常直觀的講解：

「所有的體驗都有開始和結束。但這種『能知』，即對體驗的開始和結束的精微覺照，被稱為『真我』（Self），或稱『阿特曼』（*Atman*），而所有體驗得以發生的背景，被稱為『究竟真我』（*Paramatman*）。體驗結束後剩下的，就是至上真我，即究竟真我，它存在於體驗開始之前，也存在於體驗結束之後。『萬物之源』是不可被摧毀的。」——悉達羅摩濕瓦《開示真我之智慧明師：終極領悟》（*Master of Self-Realization: Ultimate Understanding*）開示83：真我和究竟真我

以上就是對於本譯著在專業辭彙處理上，需要向讀者解釋的幾點。

譯註

1 語出《六祖壇經》。

2 圭峰宗密（780-841）從遂州大雲寺神會一系的道圓禪師剃度（這一法脈傳承為：荷澤神會、荊南惟忠、荊南道圓）。他所著的《禪源諸詮集都序》中提到在六祖之後，南北各宗對於何為佛性眾說紛紜，荷澤神會「恐宗旨絕滅，遂明言知之一字，眾妙之門」。

3 語出北宋黃龍派死心悟新禪師。

4 摩里斯．佛里曼（Maurice Frydman, 1901-1977），波蘭裔猶太人，常住印度，他支持印度的獨立，並積極參與其中，作為聖雄甘地的弟子、尼赫魯的好友，他是著名的人道主義者。他將尼薩迦達塔和來訪者的對話整理翻譯成英文，出版成《我是那》（*I Am That*）一書。

5 《我是那：與室利．尼薩迦達塔．馬哈拉吉的談話》是最早出版的尼薩迦達塔對話錄，首版於一九七三年，由摩里斯．佛里曼從馬拉地語的錄音帶翻譯為英文，並撰寫附錄介紹了尼薩迦達塔的教授風格。此書的出版使尼薩迦達塔被歐美讀者所知，吸引了眾多歐美求道者不遠萬里前去拜訪。

6 Consciousness對應的梵文（馬拉地語）原文是*Chaitanya*。*Chaitanya*這一概念是尼薩迦達塔這一派，包括尼薩迦達塔的師父悉達羅摩濕瓦，和師兄弟冉吉特教學中的核心概念和入道關鍵，綜合這三位導師的英文著作對*Chaitanya*的其他英文譯法，如Power to know、Life Energy、Life Force、Power等，我們確定其指的是一切顯現背後的源頭力量，正確的中譯應該是「能知之力」，有時也為了強調其非「所知」，而簡單譯為「能知」。本書的英文原文並沒有對Consciousness的首字母大小寫來區分，來對應靈修及通俗的兩種不同語境，所以本中譯也會根據上下文語境，對consciousness一詞做通俗涵義上的處理，即譯成「覺知」、「意識」。可參見本書書末的譯後記。

7 「本然」（beingness）是尼薩迦達塔的一個常用詞。有時候指的就是「我在」（I Am），有時候指的是明覺。有時候指的是當下的自我存在本身，還有時指的就是外在的現象世界。在表示一般的世俗涵義時，我們將其譯為了「存在」，在表達更高層次的靈性的涵義時，它被譯為「本然」、「本然存在」或「如是本然」。

8 清醒的狀態、做夢的狀態、沉睡而無夢的狀態，這三種狀態是一般人會處於的三種心的狀態，簡稱「醒位」（waking state）、「夢位」（dream state）、「沉睡位」（sleeping state）。吠檀多不二論安立了第四位超越位（*Turya, Turiya*）。

9 在尼薩迦達塔這一派的著作中，一個英文單詞如果有特殊涵義，通常會用首字母的大小寫來分別代表靈修和世俗層面的意思。一般的慣例是，knowledge一詞，首字母小寫的形式，代表的是「覺知」、「知識」等涵義，而首字母大寫的形式，Knowledge，代表的是「明覺」、「真知」、「智慧」的涵義。本書的英譯本並沒有用此方法，所以中譯者採取了靈活的處理方式，根據上下文來判斷knowledge一詞指的是否是靈修層面的涵義，酌情譯為不同的中文。

10 幻相（*Maya*），摩耶。字面直譯為「不是（*ma*）那個（*ya*）」，即無明幻相，幻相。

11 The essence of food，這一概念是尼薩迦達塔常用的，其原文為*Rasah*，是個梵文辭彙，具有持載、原始、究竟、因、果、津液、精華、味等義。因為尼薩迦達塔有多名不同的現場翻譯，所以有人將之譯成essence，有人譯成taste。不二論祖師商羯羅常常引用的《歌者奧義書》中，就反覆運用到這一辭彙：「一切的存在，包括了動與非動的萬有，其精華（*Rasah*）皆是土；土的精華是水；水的精華是植物；而植物的精華是人。語言是人的精華；梨俱吠陀是語言的精華；娑摩吠陀是梨俱的精華；烏笈多則是娑摩吠陀的精華。」（《歌者奧義書義疏》，聞中譯）

12 在本中譯中，我們不去區分「冥想」和「禪修」，英文都是meditation。其實「冥想」和「禪修」之間也沒有太大區別，把心專注於任何所緣境，可以是見地、真言、咒語、名號、心念、呼吸、本尊形象等等、等等，都可以認為是「冥想」，或者「禪修」。如果是安住在某種見地，或真言，比如「我是梵」，本中譯中傾向於翻譯為「冥想」，其他的所緣境，則多譯為「禪修」。如果是帶賓語的，比如meditate on something，我們都翻成了「冥想」。

13 「我在」（"I Am"）指的是自我的存在感，自我意識到自己存在的那份感覺，而這種存在感正是比較粗重的明覺。所以「我在」有時候直接指的就是明覺。尼薩迦達塔偏愛使用「我在」一詞而不是「明覺」，他的師兄弟冉吉特．馬哈拉吉則正好相反，喜歡使用「明覺」而不是「我在」。

「明覺」和「能知之力」是孿生的，「明覺」是「能知之力」所發出的智光。「能知之力」本身沒有知道與不知道、覺與不覺的問題，它只是「力」。但是體現在眾生身上，經過了扭曲獲得了二元性，展現為「能知道」，這個就是明覺。你能知道就是因為明覺，你能問問題就是因為明覺。粗的明覺是帶自我感的，比如：「我知道」。最為精微的明覺，一般稱為「純淨明覺」（Pure Knowledge）是不帶自我的，這種純淨明覺是遍在的。純淨明覺就是產生世界和所有幻相的基礎，它本身就是「摩訶幻相」。在本譯著中，尼薩迦達塔所用的「純淨我在」（"I Amness"）就是指「純淨明覺」。

14 淨觀（vision），指禪修中能看到的清淨顯現，比如各種五顏六色的光、各種本尊的形象、剎土的景象等等。

15 普拉克瑞蒂（*Prakriti*）和普魯薩（*Purusha*）是形成「原初幻相」（Primal Illusion, *Moolamaya*）的陰性和陽性。在羅摩達斯的《給弟子的忠告》第十章第九節中，對「原初幻相」有詳細介紹，這涉及到宇宙的起源。代表「純粹能知」的「原初陽性」（Primordial Male, Pure Consciousness, "*Purusha*"）和代表「顯化的能量」的「原初陰性」（Primordial Female, the Energy of Manifestation, "*Prakriti*"）結合在一起，就形成了「原初幻相」。簡單的來說「普拉克瑞蒂」指的是原初的物質基礎，而「普魯薩」指的是原初的能知基礎。而尼薩迦達塔的師父悉達羅摩濕瓦在其開示中解釋過：「在真我中產生了一種衝動：『我在』。這種衝動被稱為『普拉克瑞蒂』，而明覺就是『普魯薩』。這是獨一真我的兩種形式，就像熱和光是太陽的兩種屬性一樣。但太陽只有一個。」他還說：「普魯薩是明覺，而普拉克瑞蒂是風（*Vayu*）。」

16 就是指精液。

17 這裡的「因種之身」（causal body）並不是「四種身體」之中的「因基身」，雖然英文是一樣的，都是causal body，但尼薩迦達塔在其教學中並沒有談論過「四種身體」。四種身體分別是：粗重身、精微身、因基身、超因身。尼薩迦達塔的上師悉達羅摩濕瓦所著的《了悟真我之核心教授》中，對「四種身體」有詳細的描述。為了與「四種身體」中的「因基身」有所區別，中譯者在本譯著中，將causal body譯為「因種之身」。在尼薩的語言體系中，「因種之身」特指在受精卵中能為之後人體升起「能知」所潛藏著的基礎。

18 「種子身」（*Linga-deha*），*Linga*，音譯為林伽，意為「標記」、「標誌」，*deha*，意為「身體」，所以*linga-deha*直譯為「林伽身」，本文根據其涵義，意譯為「種子身」。

在印度教中林伽被具化為男性生殖器形狀，以代表濕婆所體現的宇宙原初的生命力。有些英譯著作中，*Linga-deha*被譯為了subtle body（精微身），但尼薩迦達塔所談論的「種子身」（*Linga-deha*）與其老師悉達羅摩濕瓦在《了悟真我之核心教授》中所論述的「四種身體」中的「精微身」（subtle body）不是同一概念。尼薩迦達塔對*Linga-deha*的更多描述，請詳見他在《先於能知之力》（*Prior to Consciousness*）一書中一九八一年三月十七日的談話內容。

這裡的*Linga-deha*特指在受精卵中能為之後人體升起「能知」所潛藏著的基礎。

19 「明覺—我在」（Knowledge "I Am"），這兩個詞是組合在一起的專業術語，粗略而言，就是對自己存在這一事實的了知，而這種「了知」無形無相，並不局限於身體或頭腦的知覺，是無需刻意為之的。

深入而言，這個詞指的其實是第四身超越位（*Turiya*）。第四身超越位也被商羯羅大師稱為原初幻相（*Moolamaya*），而*Moolamaya*包含兩個面向，了知的能力和驅動的能力（也被稱為普魯薩和普拉克瑞蒂）。就像太陽散發的光和熱，光和熱不可分離，但光具有了知的能力，而熱產生了風，就有了驅動的能力。光是陽性的，熱是陰性的。「明覺—我在」就是這樣一個詞，它包括了陽性的部分，即「明覺」，又包括了陰性的部分，即「我在」。

20 「遍在」（*Iswara*），也作*Iswara*或*Ishware*，指「大自在天」，但通常也泛指「神」。*Iswara*的狀態，就是神的遍在的狀態。

21 「真我」（Self）一詞，從字面理解就是「真正的我」。我們都認定身心為「我」，但身心只是「假我」或「小我」。求道的首要目的，就是認識自己，認識真正的自己，並找到「真我」。「純淨明覺」、「能知之力」、「超梵」（*Parabrahman*）這三者都超越了自我，超越了身心，都可以被認為是「真我」。但以哪一個為「真我」，取決於求道者所處的程度。「阿特曼」（*Atman*）一詞，也是「真我」的意思，但通常只相當於「純淨明覺」，而不會用「阿特曼」來指代「超梵」。

22 「本然」，指「明覺—我在」。

23 「我在」之愛（the love of "I Am"）在涵義上等同於love to be，指想要延續下去的意願。

24 「馬哈拉吉」（*Maharaj*）是尊稱，意為「偉大的君主」，舊有中譯將之稱為「大君」。尼薩迦達塔．馬哈拉吉的傳承中，導師通常都被尊稱為「馬哈拉吉」，比如他的師父悉達羅穆濕瓦．馬哈拉吉和他的師兄弟冉吉特．馬哈拉吉等。為示區別，本中譯採用其各自名字，而不是統一稱為「馬哈拉吉」。

25 *Saguna*，有屬性的，與之相對的是*Nirguna*。「梵」（*Brahman*）是印度教認為的至高的靈性本體。「梵」和「超梵」的區別在於，超梵是有確切的定義的——就是「超越了一切定義、超越一切語言的究竟實相」；而「梵」這個詞，卻沒有固定的指向，它是「真實」、「真相」的代名詞，根據求道者的層次，會對「梵」有不同的理解。

在吠檀多中，梵既可以是有屬性的，也可以是無屬性的。無屬性的梵（*Nirguna Brahman*），是無形無相，超越語言的；有屬性的梵（*Saguna Brahman*）或有相的梵，即是梵所展現出來的一切有情眾生和宇宙萬物。最高層次的「梵」就是第四身超越位，也就是「純淨明覺」，但和「超梵」相比，依然是不穩定的。「超梵」才是穩定的唯一真實。

26 超梵，即「究竟實相」（Absolute Reality）。

27 薩埵屬性（*Sattva Guna*），三德之一，這裡指「明覺」。

28 「無相」（*Nirguna*），無屬性的，與之相對的是「有相」（*Saguna*）。

29 「自性—上師—超梵」（*Sat-Guru-Parabrahman*），這是尼薩迦達塔自己專用的一個詞，意思大概是自性、上師和究竟實相，這三者合而為一，無二無別。

30 梵文中*Sat*為存在，即自性本身，*Guru*為上師，*Sat-Guru*其實指自性即為上師。

31 「生命之力」（life force）指的就是能知之力（*Chaitanya*）。在很多英譯著作中，*prana*（命氣）或*prana shakti*（命力）也會被譯為life force（生命之力），*Chaitanya*極易被錯認為就是*prana*。但*Chaitanya*和*prana*之間有本質區別，*prana*屬於精微身，只在身體之內，而*Chaitanya*超越了精微身，是遍在的。它是風或命氣的源頭。在本中譯裡，life force一詞，如果指的是能知之力，就被翻為「生命之力」、「生命的力量」；如果指的是命氣或命力，則被翻為「命氣之力」。

32 昭昭靈靈的能知之力，原文為manifest consciousness，指的是具有顯現、覺知能力的真我，強調真我「能顯現」的一面。「昭昭靈靈」是禪宗常用語，臨濟禪師曾說過，「爾目前昭昭靈靈、鑒覺聞知照燭底」，就是指能覺察一切的這種能知之力，是醒位時候的能覺能知。

33 「化學要素」，指的是「能知之力」。尼薩迦達塔說：「源頭就是這種能知之力，當你還是個孩子的時候就出現了。你現在從事的一切行為，其源頭就是你孩童時的那一刻。在那個孩子身上，最重要的特性——這『化學要素』，即能知之力——記錄下了影像。從那一刻起，你開始積累知識，而在此之上，產生了你現在的行為。」（《先於能知之力》一九八〇年四月十四日）

34 「遍在能知」（Universal Consciousness）這個詞在很多中文的靈修書籍中被翻譯成「宇宙意識」，但是用「意識」這個詞並不準確，因這與頭腦中的心念無關，另外，運用「宇宙」一詞會讓人誤以為這就是一種「涵蓋宇宙、與宇宙成為一體」的覺受體驗，其實並非如此。在尼薩迦達塔的語言體系及其傳承中，「遍在能知」指的就是普遍的、遍在的能知之力，與個體性的「能知」相對。就此可以參看尼薩迦達塔的師父悉達羅摩濕瓦的《了悟真我之核心教授》。

35 「生命之力」，就是指能知之力。

36 此處的形體，指身體和頭腦。

37 英譯本中區分了“I Am”和“I Amness”。本中譯中，二者被分別譯為「我在」和「純淨我在」。「我在」（“I Am”）指的是帶有自我存在感的明覺，而「純淨我在」（“I Amness”）就是「純淨明覺」，是最精微的明覺，不帶有自我存在感，是遍在的，是超越了自我的。也可以認為，「純淨我在」就是能知之力。

英文書末辭彙表註明了"I Amness"等於梵文的*Chidakash*（能知虛空）。

38 「命氣」（vital breath）也就是*prana*，參考譯註31。

39 指超梵、實相。

40 「遍在明覺」（Universal Knowledge）指「遍在能知」。

41 指「唵」音（羅馬拼音為OM），字面意思為大聲響者。是印度教認為的最初之音，世界從此音中出現。印度教認為無所不遍之神聖覺性的最初之形為震動，展現為「唵」聲，故而OM也是神的名字，究竟存在之震動。今日已作為印度教的象徵。

42 「知」（knowingness）是指明覺。

43 能知之力（Consciousness）就是「生命之力」，梵文是一樣的。

44 拜讚歌（*Bhajan*）是以歌唱的形式表達對神的敬愛，時而配上舞蹈。通常由幾位歌手領唱，伴以打擊樂器，如鈴鼓、塔布拉鼓、鈸等打拍子。

45 「持輪者」，*Chakrapani*，也作*Cakrapani*。*chakra*是輪的意思，*pani*是手的意思，*Chakrapani*指「持輪者」，是毗濕奴的別名，指的是他一直持著妙見輪（*Sudarshana Chakra*）。毗濕奴常見的形象為四臂站姿，一手持神杵，一手持蓮花，一手持海螺，一手豎著食指轉動妙見輪。妙見輪是一個一直轉動著的武器。

46 簡．鄧恩，本書英文原版的編輯者。

47 「遍在能知」，參考譯註34。

48 第四身超越位的另外一個名稱，也等同於「純淨明覺」。超因身或超越位之所以也被稱為「存在—能知—極喜」，是因為「存在」、「能知」、「極喜」是它的三個面向，或三個特徵。

49 真我明覺（Self-Knowledge），英文意思接近Knowledge of The Self。這個詞有著非常豐富的涵義，在不同的情境下，我們對它做了不同處理：（1）如果是在討論世間的學科、知識時，舉出了Self-Knowledge與之相對，策勵讀者不僅僅只是學習各種學問，而應該多了解自己，那麼，Self-Knowledge就被我們翻為「真我知識」；（2）如果是對已踏上求道之路的學人，談到明心見性時，Self-Knowledge就成了一個動賓結構的動名詞，被翻為「認知真我」、「了悟真我」、「明見真我」；（3）如果是在深入、細緻地指導實修實證時，Self-Knowledge就翻譯為「真我明覺」、「真我之知」或「真我之覺」。

50 毗昆塔（*Vaikuntha*），印度教所信奉的毗濕奴的居所，位於須彌山頂。

51 第一個明覺指的是粗重的有自我感的明覺，第二個明覺指的是「純淨明覺」。

52 此處英文原文為uniform，並在隨後的括號中註為the body。可能尼薩迦達塔的馬拉地語原文是「鞘」（*kosha*），指的是像劍鞘、殼子一樣在真我之上的覆蓋物，共有五鞘：身鞘、氣鞘、意鞘、識鞘、樂鞘。這裡指的是最為粗重的身鞘（*Anna Kosha*），也就是物質所成的殼子，所以譯作了「色殼子」。

53 *Isvara*，又記作*Iswara*，此詞具有豐富涵義，*Is*有主人、能力之意，*vara*有美好、祝福、愛人之意，*Isvara*在印度教傳統中為「神」的同義詞。在中文的佛教經典中，它被譯為「大自在」。

54 「阿特曼」（*Atman*），指「真我」，參考譯註21。

55 「能知之力的見證者」，指究竟實相。

56 「我愛」（I love），等同於「我在」，是「我在」的比較文學性的表達方式。

57 food body有兩種意思：（1）指攝取食物精華而形成的身體，也就是尼薩迦達塔常提的food essence body，這種情況被譯為了「食物之身」；（2）指身體藉由攝取食物而產生了明覺的這一機制，並且明覺的維繫需要繼續不斷的攝取食物，這種情況被譯為了「食物—身體」。

58 你會知道你就是究竟實相，而能夠知道的那個只是明覺，即「能知」。

59 沒有「能知」，也就沒有的知覺，在究竟實相中這些都不存在。

60 「生之基礎」（birth principle），產生生命的基礎，即能知之力（「生命之力」）。

61 白天比喻明覺，夜晚比喻無明（Ignorance）。

62 「不孕婦女」這個比喻通常指的是摩耶，而「不孕婦女的孩子」即子虛烏有的事。

63 「食物—身體」（food body）指身體藉由攝取食物而產生了明覺的這一機制，並且明覺的維繫需要繼續不斷的攝取食物。

64 那個，指究竟實相。

65 指的是藉由認同「能知」，用「能知」頂替掉我們對身心的自我認同。

66 伊喀納特（Eknath, 1533-1599）：印度著名的馬拉地聖者、學者、詩人。他寫過多種《薄伽梵往世書》的改編（被後人稱之為《伊喀納特往世書》，又記作*Eknathi Bhagavata*）、《羅摩衍那》的改編，新創馬拉地文學中巴洛德（*bharood*）的道歌形式，還開啟了在居民門外唱誦拜讚歌的傳道方法。他復興了馬拉地語文學中最重要的作品之一：迪尼雅內釋瓦（Dnyaneshwar）於一二〇〇年所寫的《薄伽梵歌註》（*Bhawarth-Deepika*）。他以馬拉地語共寫作了三百餘篇宗教詩歌，在馬拉地語文學的發展中起到了從迪尼雅內釋瓦與南戴夫（Namdev）時代到圖卡拉姆（Tukaram）與羅摩達斯（Ramdas）時代之間的橋梁作用。

67 命氣維持著覺知，有了覺知才能和世界保持聯繫。

68 認知有三個部分：能認知者，認知本身，以及被認知的對象。而這三者其本質上都是「能知之力」的表達，「能知之力」是它們全部。

69 指潛藏在受精卵中、在之後產生「能知」的基礎。「植入子宮的『能知』是因種之身，即『種子身』。在那個『種子身』中，『明覺—我在』處於休眠狀態。」——尼薩迦達塔一九八〇年五月十日談話。

70 能知之力（*Chaitanya*）和生命之力（*Chetana*）。*Chaitanya*一詞有多重涵義：覺性、覺力、能知之力、生命之力。英文通常被譯為Consciousness，Life Force，Life Energy等等。*Chetana*和*Chaitanya*是同一涵義，區別是*Chetana*為陰性名詞。此處中譯者將*Chetana*譯為「生命之力」。

71 馬拉地語「確定無疑」、「肯定」的意思。

72「任運」是禪宗常用的詞彙，通常是站在悟道者的角度，形容一切自然地發生，無需刻意。英文原文為spontaneously。

73只有確信與上帝是一體的，那麼相信和不相信上帝才是一樣的。

74這裡尼薩迦達塔向提問者指認「我在」為真我。純淨的「我在」就是能知之力。「真我」是與虛幻的「假我」相對的，而「究竟實相」、「能知之力」和「明覺」都可以被指認為真我，具體指認哪一個為真我，取決於求道者的程度。究竟的真我則是實相。

75 The love to be是尼薩迦達塔常用的一個短語，表達的是一種「想要一直存在下去的意願」，一種「求生欲」。自我、明覺、「我在」等等，都具有這種「想要存在下去的意願」，想要永恆存在的意願。為了簡潔，有些場合love to be被譯為了「存在的意願」。

76三德（*guna*），即明（薩埵，*Sattva*）、動（羅闍，*Rajas*，或記作*Rajo*）、暗（多磨，*Tamas*）。印度諸教認為三德是一切事物的三種基本屬性，是世界多樣性及其運動變化的決定因素。薩埵，以輕光為其相，其功用在照別；多磨，以重覆為其相，其功用為繫縛；羅闍，持動為其相，其功用為造作。

77「無顯無相」（the Unmanifested），指實相。

78指的可能是尼薩迦達塔得了喉癌這件事。

79薩特桑（*satsang*）源自梵語*sat sanga*，*sat*意為「真實」、「如是」，*sanga*意為「陪

伴」、「相近」，指親近智者、導師。通常是求道者直接面對師長，做靈性問答、禪修、領受加持等活動。

80 尼薩迦達塔在孟買市的住所地址為：Vanmali Bhavan, 10th Lane, Khetwadi, Mumbai。

81 達善（*darshan*），梵文*Darshan*，又記作*darsana*，意為「看見」，指求道者被聖者所見，或在淨相中見到神祇，就能得到他們的恩典。「給予達善」，是指聖者或神祇允許自己被他人看見。通常意義上，信徒去寺廟參拜神像，也被稱為「達善」。這裡尼薩迦達塔指的是人只能見到他，即達善，而不能聽到開示了。

82 不再出現「知」，意味著此生過後不再被生出來。

83 斯瓦米（swami）是印度教眾對瑜伽士或宗教導師的尊稱，這裡譯作師父。

84 此處的「智」（intellect），即*Buddhi*，梵文，其詞根*Budh*指的是「醒著、觀察、學習、知道」。*Buddhi*一詞在《梨俱吠陀》等吠陀經典中被廣泛使用，指的是「能夠形成、保留思維概念的能力」以及「辨別判斷和理解的能力」。

85 超越位（*Truiyal*），也作*Turiya*，或*Turya*。吠檀多將人所處的三種狀態，分為醒位（*jagrat*）、夢位（*swapna*）、沉睡位（*sushupti*），並且提出了第四態，叫做「超越位」（*turya*，或記作*turiya*），但嚴格的來說它並不是一種狀態，而是醒、夢、睡這三種狀態的基底。這種說法，最早見於《歌者奧義書》（西元前六至八世紀），不二論的源頭經典《蛙氏奧義書》中也如此採用。同時，超越位也是「四種身體」中的第四層身體：超因身（*Mahakarana Body*, Great-Causal Body）。尼薩迦達塔的師父悉達羅摩濕瓦在《了悟真我之核心教授》（*Master Key of Self-Realization*）中對此有詳細的闡述。四種狀態和悉達羅摩濕瓦所說的四身（粗重身、精微身、因基身、超因身）可以建立對應關係，但也有不同，比如精微身和因基身並不等同於夢位和沉睡位。特別是因基身，它和沉睡位的區別，在《了悟真我之核心教授》中有詳細講解。但是超因身則是等同超越位。超越位有著很多不同的名稱：第四身、超因身、存在—能知—極喜、純淨明覺、純粹能知、梵。

86 尼薩迦達塔每天接待訪客、給予開示的時間。

87 拉傑尼希（Rajneesh）是奧修（Osho）的本名。

88 光輝的舍沙薄伽梵（*Tej Sesh Bhagavan*），*Tej*，光輝燦爛之意，表示讚美。*Sesh*，又記作*Shesha*，即印度神話中的巨蛇舍沙。舍沙蘊藏整個宇宙，並具體化地變為毗濕奴的床墊。它以「舍沙」（存留者）為名，是因為世界毀滅之時，它依然存在。

89 此處的概念指「我在」。

90 醒位、睡位，以及「明覺—我在」，其實對應的是三德。醒位即是羅闍，睡位即是多磨，「能知」即是薩埵。

通常吠檀多所說的三種狀態是：醒位、夢位、沉睡位，但尼薩迦達塔很少談論夢位，他靈性言談一個很大的特點就是，都是從自己的實際經驗為出發點，而很少談論書本上的知識。他自己處在一個很高的修持層次，他是不做夢的，所以他很少談論夢位；他本人會經歷的三個狀態就是醒位、沉睡位，以及在從沉睡位徹底醒來之前，或者說是介於沉睡位和醒位之間的一種超越個體性的「純淨我在」的狀態。

91 尼薩迦達塔很可能當時比劃了幾下驅趕蒼蠅的手勢。

92 吉杜．克里希那穆提（Jiddu Krishnamurti, 1895-1986），二十世紀極具影響力的印度靈性導師。幼年被神智學會認定為救世主，但在一九二九年他宣布退出神智學會，自此開始宣揚自力覺醒的觀念，強調覺悟無法透過任何組織獲得。他畢生巡迴世界講道六十餘年，共造訪全球七十個以上國家。

93 「能知虛空」（*Chidakash*），又記作*Chidakasha*，由*Chit*（能知）和*akasha*（空，虛空）組成。「能知虛空」在瑜伽系統中，被定義為是三身的最後一身（前兩身為：物質身〔*Bhutakasha*〕，思維概念之身〔*Chittakasha*〕），在思維概念之身中，不再有二元性。英文原書書末辭彙表中註明了，思維概念之身等同於「純淨我在」。

94 「摩訶虛空」（*Mahakash,* the great space），*Maha*，摩訶，大；*kash*，虛空。*Mahakash*，即大虛空。物質世界的這個宇宙虛空即是「摩訶虛空」。

95 「能知虛空」是極細微的「能知」，而「摩訶虛空」是藉由「能知虛空」展現出來的細微「所知」、對境。

96 身體意識（body-consciousness）指的是對身體存在的感知，與對這種存在感的認同。

97 從上下文無法得知提問者是哪位導師的弟子。

98 「鑽研分析」，梵語*nirupana*，在佛教典籍中，被譯為「計度」，指的是以意識之作用，思量分別種種事物。

99 此處的棍子指身體。

100 三德，參考注76。

101 普拉克瑞蒂—普魯薩，參考注15。

102 八相（eight-aspects），這裡指的可能是八種極微粒（*kalapa*）：地（earth）、水（water）、火（fire）、風（air）、色（color）、香（smell）、味（taste）、養（nutritive）。

103 此處的工具指身體。

104 「我是梵」（*Aham Brahmasmi*），吠檀多四句大真言之一。

105 「我在」的缺席，指剛出生時並不知道自己存在，意識到自己存在是後來的事情。

106 指身體根本就沒用，根本就不存在。

107 生之基礎，指能知之力。

108 可以參見悉達羅摩濕瓦的《了悟真我之核心教授》一書（白象文化，二〇一九年一月）中，中譯者對悉達羅摩濕瓦教授手法的介紹，其中對此四本經典有簡單介紹。

Tattva	Element, essence
Turiya	Superconscious state, samadhi
Upanishad	Knowledge portion of the Vedas
Vac or Vak	Speech
Vaikuntha	The abode of Lord Vishnu
Vairagya	Indifference toward all worldly things
Vasana	Subtle desire
Veda	A scripture of the Hindus
Vedanta	The end portion of the Vedas
Vichara	Inquiry into the nature of the Self
Vijnana	Principle of pure intelligence
Virat	Macrocosm, the physical world
Viveka	Discrimination between the real and the unreal
Vritti	Thought wave, mental modification
Yoga	Union, philosophy of Patanjali
Yogi	One who practices Yoga

Rajas	Passion, restlessness, one of the three aspects of cosmic energy or gunas
Sadhaka	Spiritual aspirant
Sadhana	Spiritual practice
Sadhu	Pious or righteous person
Saguna Brahman	The Absolute conceived of as endowed with qualities
Sakti or Shakti	Power, energy, force
Samadhi	Oneness, when the self merges into the Self
Samsara	The worldly life
Samskara	Mental impression
Sankalpa	Thought, desire, imagination
Sat-Chit-Ananda	Existence-Knowledge-Bliss
Sat-Guru	Inner Self
Satsang	Association with the wise
Sattva or Sattwa	Light, purity, being, existence, one of the three gunas
Shastra	Scripture
Siddha	A perfected being
Siddhi	Psychic power
Sloka	Sacred verse
Sphurna	Throbbing or breaking, bursting forth, vibration
Sunya	Void
Sutra	A terse sentence
Swarupa	Essence, essential nature, true nature of being
Tamas	Ignorance, darkness, one of the three gunas

Moksha or Mukti	Liberation, release
Mouna	Silence
Mula	Origin, root
Mumukshu	Seeker after liberation
Muni	A sage, an austere person
Murti	Idol
Nama	Name
Namarupa	Name and form, the nature of the world
Neti-neti	"Not this, not this," negating all names and forms in order to arrive at the underlying truth
Nirguna	Without attributes
Nirgunabrahman	The impersonal, attributeless Absolute
Nirvana	Liberation, final emancipation
Niskama	Without desire
Para	Supreme, other
Parabrahman	The Supreme Absolute
Prajna	Consciousness, awareness
Prakriti	Original, uncaused cause of phenomenal existence
Pralaya	Complete merging
Prana	Vital energy, life breath
Prema	Divine love
Puja	Worship
Purna	Full, complete, infinite
Purusha	The Self which abides in the heart of all things

Jagat	World
Jagrat	Waking condition
Japa	Repetition of a mantra
Jiva	Individual soul
Jnana	Knowledge
Kalpana	Imagination of the mind
Kama	Desire, lust
Karma	Action
Karta	Doer
Kosa	Sheath
Kriya	Physical action
Kumbhaka	Retention of breath
Kundalini	Primordial cosmic energy
Laya	Dissolution, merging
Lila	Sport, play
Linga	Symbol
Maha	Great
Mahakash	The great space
Mahesvara	Great Lord
Manana	Constant thinking, reflection, meditation
Manas	The thinking faculty, mind
Manolaya	Involution and dissolution of the mind into its cause
Mantra	Sacred syllable or word or set of words
Maya	Veiling and projecting power, the illusive power of Brahman

Bhajan	Worship
Bhakta	Devotee
Bhakti	Devotion
Bija	Seed, source
Brahman	God as creator
Brahmarandhra	Opening in the crown of the head, fontanelle
Buddhi	Intellect
Chaitanya	Consciousness
Chakra	Plexus
Chakrapani	Shakti, energy
Chidakash	Consciousness, space, "I Amness"
Chit	Universal consciousness
Chitta	Mind stuff
Deva	Divine Being
Dhyana	Meditation, contemplation
Gayatri	Sacred Vedic mantra
Gita	Song
Guna	Attribute, quality born of nature The three gunas are Sattwa, Rajas and Tamas.
Guru	Teacher, preceptor
Hatha Yoga	Yoga system for gaining control of the physical body and breath
Hiranyagarbha	Cosmic intelligence, cosmic mind, cosmic egg
Isvara or Iswara	God

附錄三

梵英術語對照表

中譯者按：這一術語表，是尼薩迦達塔的現場幾位英語翻譯所遵循的梵（馬拉地）英譯法，不同的輪值譯者會對同一個梵文辭彙有不同的譯法。在本書原文的正文中往往沒有加括弧註明其馬拉地語的原始說法，所以中譯者大多也就順從英文來進行中譯，比如中文中常出現的Thought wave，我們就譯為「心念之流」，而不是根據梵文*vritti*譯為「毗黎提」。這一辭彙表，也就作為資料參考以原貌附錄在此，不再另加中譯了。

Advaita	Non-duality
Adya	Primordial, original
Agni	Fire
Aham	I, the ego
Ajnana	Ignorance
Akasha	Space, the ether
Ananda	Bliss, happiness, joy
Arati	Divine service performed in early morning or at dusk
Asana	Posture, seat
Ashram	Hermitage
Atman	The Self
Avatar	Divine incarnation
Bhagavan	God, the Lord

三種層次(承左頁表格)		
遍在	純淨明覺（*Pure Knowledge*）	「宇宙能知／普遍能知」（Universal Consciousness）
		「存在－能知－極喜」（*Sat-Chit-Ananda*）
		第四身超越位（*Turiya*）
		「純粹能知」（Pure Consciousness）
		梵（*Brahaman*）
		阿特曼（*Atman*）
		原初幻相（Primary Illusion, *Moolamaya, Mula-maya*）
		「唵」音（“Om”, *pranava*）
		普魯薩（*Purusha*）
		見證者（witness）
		「阿特曼之愛」（*Atman Prem*）
		「我愛」（“I love”）
		「真我之愛」（love for the Self, the love of Self, Self-love）
		「知」（knowingness）
		薩埵屬性（*sattva guna*）
個體	明覺（*Knowledge*）	「能知」（Consciousness）
		「覺（性）」（Awareness）
		「我在」（“I Am”）
		知者（knower）
	命力（*prana, prana shakti, vital force*）	命氣（vital breath）

附錄二

尼薩迦達塔辭彙對應表

<table>
<tr><th colspan="3">三種層次</th></tr>
<tr><td rowspan="10">實相</td><td rowspan="10">究竟實相
（The Absolute, Absolute Reality, The Ultimate）</td><td>超梵（Parabrahman）</td></tr>
<tr><td>「無相」
（The Unmanifest, non-manifest）</td></tr>
<tr><td>「無存在」
（no-being, no-beingness）</td></tr>
<tr><td>先於能知之力
（prior to Consciousness）</td></tr>
<tr><td>「那個」（That）</td></tr>
<tr><td>「它」（It）</td></tr>
<tr><td>終極法則（Ultimate principle）</td></tr>
<tr><td>「不知」（no-knowingness）</td></tr>
<tr><td>「未知的」（The Unknown）</td></tr>
<tr><td></td></tr>
<tr><td rowspan="9">遍在</td><td rowspan="9">能知之力（Chaitanya, Chidakash, Consciousness）</td><td>「生命之力」（Life Force</td></tr>
<tr><td>「化學物質」（Chemical）</td></tr>
<tr><td>「童真基礎」（Child-Principle）</td></tr>
<tr><td>種子（seed）</td></tr>
<tr><td>「生之基礎」（birth principle）</td></tr>
<tr><td>「純淨我在」（“I Amness”）</td></tr>
<tr><td>離言之「我在」（“I Am” without words）</td></tr>
<tr><td>「存在的意願」（love to be）</td></tr>
<tr><td>「本然存在」（beingness）</td></tr>
</table>

	三種層次（承左頁表格）		
	實相（*Neti, Neti*）	**遍在**（Universal, *Ishwara*）	**個體**（individual, *jiva*）
悉達羅摩濕瓦	究竟實相（*Absolute Reality*）	原初幻相（*Moola Maya,* Primal Illusion）	
		「我在」（"I Am"）	
		能知之力（*Chaitanya,* Life Energy of Consciousness）	
		原初普魯薩（*Moola Purusha*）/原初普拉克瑞蒂（*Moola Prakriti*）	
		「明覺－我在」（Knowledge "I Am"）	
冉吉特	實相（*Absolute Reality*）	能知之力（Power）	明覺（Knowledge）
尼薩迦達塔	實相（*The Absolute, Absolute Reality, The Ultimate*）	能知之力（Consciousness）	「能知」（Consciousness）
		純淨我在（"I Amness"）	我在（"I Am"）
		「明覺－我在」（Knowledge "I Am"）	明覺（Knowledge）、我在（"I Am"）

附錄一

悉達羅摩濕瓦一派辭彙對應表

<table>
<tr><th rowspan="2"></th><th colspan="3">三種層次</th></tr>
<tr><th>實相（Neti, Neti）</th><th>遍在（Universal, Ishwara）</th><th>個體（individual, jiva）</th></tr>
<tr><td rowspan="10">悉達羅摩濕瓦</td><td>超梵（Parabrahman）</td><td>梵（Brahman）</td><td></td></tr>
<tr><td rowspan="2">究竟真我（Paramatman）</td><td>真我（Self）</td><td>小我（self）</td></tr>
<tr><td>阿特曼（Atman）</td><td>自我（ego, atma）</td></tr>
<tr><td rowspan="4">究竟明覺（Vijnana, Absolute Knowledge）</td><td>純淨明覺（Pure Knowledge）</td><td>覺知（knowledge）</td></tr>
<tr><td>純粹能知（Pure Consciousness）</td><td>知覺（consciousness）</td></tr>
<tr><td>純淨之覺（Pure Awareness）</td><td>覺知（awareness）</td></tr>
<tr><td>真我明覺（Self-Knowledge）</td><td></td></tr>
<tr><td rowspan="3">究竟實相（Absolute Reality）</td><td>第四種身體（The Great-Causal Body, Mahakarana Body）</td><td></td></tr>
<tr><td>超越位（Turya，也作Turiya）</td><td></td></tr>
<tr><td>「存在－能知－極喜」（Sat-Chit-Ananda）</td><td></td></tr>
</table>

妙高峰上 1

能知之力與究竟實相

尼薩迦達塔・馬哈拉吉的臨終教言

Consciousness and the Absolute

the Final Talks of Sri Nisargadatta Maharaj

作者 尼薩迦達塔・馬哈拉吉 Sri Nisargadatta Maharaj
編者 簡・鄧恩 Jean Dunn
攝影 Jitendra Arya
譯者 鍾七條、智嚴、張玉
封面設計 高聖豪 samuelkaodesign.com
排版 Lucy Wright
總編輯 劉粹倫
發行人 劉子超
出版者 紅桌文化／左守創作有限公司
http://undertablepress.com
臺北市中山區大直街 117 號五樓
印刷 約書亞創藝有限公司
經銷商 高寶書版集團
臺北市內湖區洲子街 88 號三樓
Tel: 02-2799-2788
書號 ZE0141
ISBN 978-986-98159-1-8
初版 二零二零年七月
新台幣 四百二十元
法律顧問 永衡法律事務所 詹亢戎律師

國家圖書館出版品預行編目(CIP)資料

能知之力與究竟實相尼薩迦達塔.馬哈拉吉的臨終教言 / 尼薩迦達塔.馬哈拉吉(Sri Nisargadatta Maharaj)作 ; 鍾七條, 智嚴, 張玉譯. -- 初版. -- 臺北市 : 紅桌文化, 左守創作, 2020.07
288面 ;14.8*21.0 公分. -- (妙高峰上 ; 1)
譯自 : Consciousness and the absolute : the final talks of Sri Nisargadatta Maharaj
ISBN 978-986-98159-1-8 (平裝)
1.印度教　2.靈修
274　　　　109007347

Consciousness and the Absolute
the Final Talks of Sri Nisargadatta Maharaj

Translation of the English original, *Consciouness and the Absolute: The Final Talks of Sri Nisaragadatta Maharaj,* Edited by Jean Dunn. Published by The Acorn Press, Durham , North Carolina, USA